Alexander Wiggert

Kosten von Arbeitslosigkeit

IGEL Verlag

Alexander Wiggert

Kosten von Arbeitslosigkeit

1. Auflage 2009 | ISBN: 978-3-86815-263-0

Die Deutsche Bibliothek verzeichnet diesen Titel in der Deutschen Nationalbibliografie.
Bibliografische Daten sind unter http://dnb.ddb.de verfügbar.

IGEL Verlag

Inhaltsverzeichnis

Abbildungsverzeichnis

Tabellenverzeichnis

Verzeichnis des Anhangs

Verzeichnis der Abkürzungen

ABL	Alte Bundesländer
ABM	Arbeitsbeschaffungsmaßnahmen
AFG	Arbeitsförderungsgesetz
Alg	Arbeitslosengeld
Alhi	Arbeitslosenhilfe
ANBA	Amtliche Nachrichten der Bundesagentur für Arbeit
BA	Bundesagentur für Arbeit (bis 2002 „Bundesanstalt für Arbeit")
BIP	Bruttoinlandsprodukt
IAB	Institut für Arbeitsmarkt- und Berufsforschung der Bundesagentur für Arbeit
MittAB	Mitteilungen aus der Arbeitsmarkt- und Berufsforschung
NBL	Neue Bundesländer
R	Reihe (Verwendung durch das StBA)
SAM	Strukturanpassungsmaßnahmen
SGB	Sozialgesetzbuch
StBA	Statistisches Bundesamt

1 Einleitung

Die Massenarbeitslosigkeit und die mit ihr über die letzen Jahrzehnte stetig anwachsenden Kosten sind eine ökonomische und soziale Herausforderung nicht nur für den einzelnen, sondern auch für die Gesellschaft, die Volkswirtschaft und bei genauer Betrachtung eine wachsende globale Problematik. Durch die erschreckend hohen Arbeitslosenzahlen ist die Angst vor Massenarmut, gesellschaftlichen Krisen und Hoffnungslosigkeit weiterhin allgegenwärtig.

Für den einzelnen kann Arbeitslosigkeit ein traumatischer Schock sein, der nicht nur mit finanziellen Einbußen, sozialem Abstieg und Verlust von sozialen Kontakten, sondern auch mit gesundheitlichen Folgen wie z.B. Depressionen zusammenhängt. Kosten, die der Mensch ohne die Hilfe der Solidargemeinschaft nur sehr schwer verkraftet und die für ihn Armut und somit blanke Not bedeuten würden.

Aber nicht nur der Arbeitslose selbst muss mit seiner schlechten Situation und deren Kosten zurechtkommen. In besonderem Maß ist auch die nähere Umgebung betroffen. Materiell und psychisch werden oft auch Familie, Partnerschaft oder Freundschaften auf eine harte Probe gestellt. Mitgefühl und finanzielle Unterstützung reichen hier oftmals nicht mehr aus. Am Ende bleibt nicht selten nur noch der Gang zum Facharzt, der den Arbeitslosen von seinen psychosomatischen und psychischen Erkrankungen zu heilen versucht.

Die Auswirkungen der Arbeitslosigkeit gehen jedoch weit über den Menschen und sein soziales Umfeld hinaus. Ein nicht beschäftigter Bürger des Staates wirkt sich in doppelter Hinsicht auf zusätzliche fiskalische Kosten aus. Zum einen ist der Bürger auf die staatlichen Lohnersatzleistungen während der Arbeitslosigkeit angewiesen, auf der anderen Seite fällt ein Arbeitsloser als Steuerzahler und Sozialversicherungszahler aus. Der Solidargemeinschaft entstehen somit durch die Unterbeschäftigung sinkende Einnahmen aus dem Steueraufkommen, denen steigende Ausgaben für die Sozialleistungen gegenüberstehen. Zunehmende Probleme ergeben sich für die Sozialversicherungssysteme, da die Zahl der Versicherungszahler bei steigender Arbeitslosigkeit stetig sinkt. Bundeszuschüsse zur Gewährleistung der Unterstützungszahlungen an Arbeitslose werden jährlich erhöht. Die Belastung des bundesdeutschen Haushalts steigt. Des Weiteren bewirken Variationen von Ausgaben und Einnahmen der Sozialversicherungsträger und des Staates kurzfristig starke Einflüsse auf die effektive Nachfrage und damit wiederum auch auf das Wachstum und die Beschäftigung.[1]

Massenarbeitslosigkeit führt aber auch zur Verarmung vieler Regionen bis hin zur Slumbildung, sei es nun in Entwicklungsländern oder in den entwickelten Volkswirtschaften. Durch den eingeschränkten Konsum als Folge der Unterbeschäftigung entstehen negative Auswirkungen auf die Struktur der Wirtschaft. Die ortsgebundenen Gewerbetreibenden sind besonders stark betroffen. Der sinkende Konsum führt zu sinkenden Umsätzen und Investitionen. Schließlich verursacht dies weitere Entlassungen. Den staatlichen Institutionen gehen weitere Einnahmen wie z.B. Gewerbe- und Lohnsteuern verloren. Senkt der Staat die Lohnersatzzahlungen aufgrund der Mindereinnahmen, so verursacht das einen sich verstärkenden Zyklus der Armut mit steigender Kriminalität. Dadurch hat der Staat wiederum Mehrkosten zur Bekämpfung der Kriminalität zu bewältigen.

Arbeitslosigkeit ist aus volkswirtschaftlicher Sicht eine Form der Verschwendung wertvoller Ressourcen. Der Ausschluss des einzelnen vom Produktionsprozess und die Auswirkungen auf die nähere soziale Umgebung und auf die Volkswirtschaft führen zu einem ansteigenden Kostenproblem in allen Bereichen. Jedoch kann der Staat mit der Ermittlung dieser Kosten konkrete politische Maßnahmen einleiten, um die Auswirkungen der Unterbeschäftigung auf ein geringes und möglicherweise beherrschbares Niveau zu bringen. Der Blick auf die Länder der Europäischen Union lässt erkennen, dass die Höhe der Arbeitslosigkeit von Land zu Land unterschiedlich ist. Es stellt sich hier die Frage, ob die Massenarbeitslosigkeit in der Bundesrepublik Deutschland eine durch die Politik verschuldete Fehlallokation der vorhandenen Ressourcen darstellt. Durch die Berechnung der Kosten der Arbeitslosigkeit können also gezielt arbeitsmarktpolitische Maßnahmen angeregt werden, die zur Verringerung der Unterbeschäftigung und damit auch zur Senkung der Kosten führen. Der Arbeitslose soll dabei gleichzeitig vor absoluter und relativer Armut bewahrt werden. In diesem Zusammenhang wird auch die Effektivität und Bedeutung der Ausgestaltung der Arbeitslosenversicherungen in Verbindung mit den im Jahr 2005 umgesetzten „Hartz-Reformen" kurz dargestellt.

Die Schaffung eines Arbeitsplatzes in einem Unternehmen verursacht betriebsinterne Arbeitskosten. Kosten, die die einzelnen Beschäftigten, der Staat und die Sozialversicherungsträger dadurch sparen. Daher stellt sich auch die Frage, ob Argumentationen gegen die Schaffung von Arbeits-

---

[1] vgl. Hummel (1997), S. 121

plätzen auf der Arbeitgeberseite durch konkrete Zahlen der volkswirtschaftlichen Kosten der Arbeitslosigkeit widerlegt werden können. Um eine zufrieden stellende Antwort zu erhalten, werden nicht nur finanzielle Aspekte aus den volkwirtschaftlichen und betriebswirtschaftlichen Bereichen miteinander verglichen, sondern auch psychosoziale Umstände des Arbeitslosen untersucht.

Der Zeitrahmen, in dem die Entwicklung der gesamtfiskalischen Kosten der Arbeitslosigkeit in der Bundesrepublik Deutschland dargestellt wird, sind zunächst die Jahre 1999 bis 2003. Die Zeitspanne umfasst eine konjunkturelle Aufschwungs- und Abschwungsphase. Weiterhin werden kurz die Reformen der Sozialverwaltung in den Jahren 2004 und 2005 erläutert.

Im Nachtrag geht es vor allem um die Beantwortung der Frage, wie sich die Kosten der Arbeitslosigkeit in den vier Jahren nach der, durch die rotgrüne Regierungskoalition beschlossenen und durchgeführten Arbeitsmarktreform („Hartz IV-Reformen") entwickelt haben. Die kurze Analyse schließt damit an das Kapitel 3.1 „Gesetzliche Grundlagen und die Hartz Reformen" an. Die berechneten fiskalischen Kosten werden somit für die Jahre 2005, in dem das Hartz IV-Gesetz beschlossen wurde, bis 2007 beschrieben. Bis zum Mai 2009 können anhand des konjunkturellen Verlaufs weitere wahrscheinliche Szenarien in Bezug auf die Gesamtkosten dargestellt werden.

2 Begriffliche Grundlagen

2.1 Der Begriff der Arbeitslosigkeit

Die „natürliche" Arbeitslosigkeit kann allgemein als ein Problem der schwachen Arbeitsnachfrage bzw. des zu hohen Angebots von Arbeitskräften auf dem Arbeitsmarkt verstanden werden. Dieser Überschuss kann kurz bis mittelfristig nicht vermieden werden. Für den monetären Wert und das gesamtwirtschaftliche Marktgleichgewicht ist das ungleiche Verhältnis zwischen Angebot und Nachfrage sogar notwendig. Der Zusammenhang zwischen der Entwicklung der Inflationsrate und Arbeitslosigkeit kann durch die Phillipskurve[2] erklärt werden. Im Zustand der „natürlichen" Arbeitslosigkeit ist bei maximal erreichbarer Beschäftigung auch die Preisstabilität gegeben. In dieser Situation wird theoretisch das Vollbeschäftigungsniveau erreicht. Die Vollbeschäftigung ist also ein Niveau, das bei Stabilität des Geldwertes langfristig die höchste Beschäftigungsquote zulässt.[3] Wäre dies nicht der Fall, führt das Sinken der Arbeitslosigkeit zur Inflation und umgekehrt das Steigen der Arbeitslosigkeit zur deflationären Entwicklung der Preise.

Nach Karl Marx stellt die Arbeitslosigkeit für den Kapitalismus eine erforderliche Begleiterscheinung dar. Die Unterbeschäftigung entsteht nach marxistischer Auffassung durch die „Konkurrenz der Maschinerie", den „Wechsel in der Qualität der angewandten Arbeiter" sowie durch „partielle und allgemeine Krisen"[4]. Der Wettbewerb auf dem Markt zwingt die Kapitalisten zur Steigerung der Produktivität, die durch den technologischen Fortschritt und damit einhergehenden Austausch der Menschen durch Maschinen ermöglicht wird. Diese Entwicklung steigert daher auch die Arbeitslosigkeit. Die Masse der arbeitslosen Menschen stellt nach Marx eine Art Druckmittel für die Kapitalisten dar, weil sie im Wettbewerb mit der Masse der arbeitenden Menschen stehen. Die Arbeitslosen bilden die „industrielle Reservearmee"[5], auf die die Kapitalisten zurückgreifen können.

Arbeitslosigkeit als ein Charakteristikum einer einzelnen Person beschreibt die folgende allgemeine Definition. Der Mensch ist arbeitslos, wenn er sich um eine Erwerbstätigkeit bemüht, diese jedoch nicht im an-

---

2 vgl. Samuelson (1998), S. 590

3 vgl. Eberhart (1998), S. 17

4 Karl Marx, MEW 23 (1968), S. 568

5 Karl Marx, MEW 23 (1968), S. 664

gemessenen zeitlichen Rahmen ausüben kann, weil die Tätigkeit bzw. Leistung des Bewerbers nicht von der Arbeitgeberseite nachgefragt wird.

Das Ziel der Sozialgesetzgebung in der Bundesrepublik Deutschland ist es, einen möglichst hohen Beschäftigungsstand zu erreichen und zu sichern. Die Bundesagentur für Arbeit ist für die Umsetzung des Arbeitsförderungsgesetzes zuständig. In diesem Gesetz wurde der Begriff der Arbeitslosigkeit abgegrenzt. Danach ist arbeitslos, wer „vorübergehend nicht in einem Beschäftigungsverhältnis steht oder nur eine kurzzeitige Beschäftigung ausübt“[6]. Im dritten Sozialgesetzbuch wird die Arbeitslosigkeit detailliert definiert, auch um festzustellen, ob die betreffende Person einen Anspruch auf Arbeitslosenunterstützung hat. Arbeitslos ist, wer keine Erwerbstätigkeit ausübt, d.h. weniger als 15 Wochenstunden beschäftigt ist, wer sich bei der Bundesagentur für Arbeit oder einem anderen Träger der Grundsicherung persönlich arbeitslos gemeldet hat, wer sich um Arbeit bewirbt und dem Arbeitsmarkt im In- und Ausland sofort zur Verfügung stehen kann.[7] Demnach sind nicht alle Erwerbsfähigen ohne Beschäftigung als arbeitslos anzusehen. Ausgenommen sind Personen, die mindestens 15 Wochenstunden arbeiten, deren Einkommen aber zu gering ist, um ihr Leben selbst finanzieren zu können. Diese Personen sind nach dem SGB II hilfebedürftig, bekommen Arbeitslosengeld II, gelten jedoch nicht als arbeitslos. Zu dieser Personengruppe zählen auch Erwerbsfähige, die keiner Arbeit nachgehen können, da sie Familienangehörige pflegen müssen oder kleine Kinder erziehen. Von der Arbeitslosigkeit ausgeschlossen sind Menschen, die das 65. Lebensjahr vollendet haben, also Bezüge aus der Rentenversicherung erhalten sowie Menschen, die arbeitsunfähig erkrankt sind. Es gibt weitere Ausnahmen, die jedoch vom Thema dieser Arbeit wegführen.

Des Weiteren gibt es in der bundesdeutschen amtlichen Statistik Begriffe der Arbeitslosigkeit, die von der Bundesagentur für Arbeit und dem Statistischen Bundesamt verwendet werden.

Die registrierte Arbeitslosigkeit enthält die Personen, die sich bei der Bundesagentur für Arbeit arbeitslos gemeldet haben und auch dem Arbeitsmarkt zur Verfügung stehen.

Die so genannte Stille Reserve sind nicht erwerbstätige Personen, die sich um Arbeit bewerben, jedoch nicht bei den Arbeitsämtern als Arbeitslose registriert sind. Bestände ein aufnahmefähigerer Arbeitsmarkt, würden diese Personen ihre Arbeitskraft anbieten. Ein Teil der Stillen Reserve

---

6 § 101, AFG (1998)

7 Arbeitsmarktreport Berlin Nord, Presseinformation 04/2005, S. 2

wird auch in arbeitsmarkt- oder sozialpolitischen Maßnahmen verschiedener Art aufgefangen, so z.B. in beruflicher Weiterbildung. Im Jahr 2003 umfasste dieser Teil der Arbeitslosen 0.9 Mio. Personen.[8] Ohne diesen Anteil bleibt die so genannte traditionelle Stille Reserve i. e. S. übrig.[9] Die Stille Reserve entspricht dem Begriff der verdeckten Arbeitslosigkeit und wird durch statistische Schätzung ermittelt.

Erwerbslose sind Personen im Alter zwischen 15 und 64 Jahren, die in der Berichtswoche keiner Arbeit nachgingen, jedoch für eine Beschäftigung innerhalb 2 Wochen zur Verfügung standen.[10] Zudem mussten sich diese Personen in den vorangegangenen 4 Wochen der aktiven Arbeitssuche gewidmet haben. Damit unterscheiden sich die Erwerbslosen von den Arbeitslosen. Personen, die weniger als 15 Stunden arbeiten gehen, gelten zwar als arbeitslos, jedoch nicht als erwerbslos.[11] Der Begriff „Erwerbslose" erweitert den Begriff „Arbeitslose", da er auch die Arbeitssuchenden, die sich nicht beim Arbeitsamt angemeldet haben, mit einbezieht. Die folgende Abbildung veranschaulicht weitere Begriffe der Bundesagentur für Arbeit:

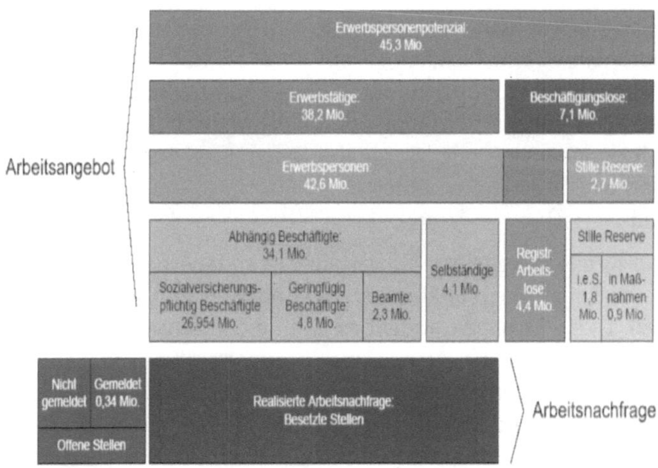

Abbildung 1: Arbeitsangebot und Arbeitsnachfrage auf dem Arbeitsmarkt

Quelle: http//:www.sozialpolitik-aktuell.dedocs4ababbIV1.pdf, Stand: 10.05.2005; Bundesagentur für Arbeit, Arbeitsmarktbericht 2003

---

8 vgl. Abbildung 1

9 vgl. Brinkmann et al. (1987), S. 387

10 vgl. ANBA (2002), S.60

11 gemäß SGB III

2.1.1 Die Formen der Arbeitslosigkeit

Nach der Struktur der Arbeitsmärkte lassen sich vier unterschiedliche Formen der Arbeitslosigkeit feststellen:

Die saisonale Arbeitslosigkeit entsteht durch den Wechsel der Jahreszeiten. Im Winter werden weniger Arbeitskräfte benötigt, da viele Arbeiten nur im Freien verrichtet werden können. Die von diesen Arbeiten betroffenen Menschen sind im Sommer beschäftigt und im Winter, wenn schlechtere Witterungsverhältnisse herrschen, arbeitslos. Diese Art der Unterbeschäftigung im Winter ist nur von kurzer Dauer, da es in der Regel im Frühling bei gleichem konjunkturellem Verlauf zu Neueinstellungen kommt.

Die konjunkturelle Arbeitslosigkeit wird durch den im Zyklus auftretenden konjunkturellen Abschwung ausgelöst.[12] In dieser Rezessionsphase sinkt der Bedarf an Arbeitskräften. Die Unternehmen reagieren mit einer geringeren Arbeitsnachfrage, mit Kurzarbeit für die Beschäftigten sowie mit Entlassungen. Ist die Rezession überstanden, wächst die Wirtschaft im weiteren Konjunkturverlauf wieder an. Die konjunkturell bedingte Arbeitslosigkeit verschwindet.

Die friktionelle Arbeitslosigkeit ist auf die Mobilität und Entwicklung der Erwerbsbevölkerung zurückzuführen. Eine Fluktuation zwischen den Jobs tritt selbst bei Vollbeschäftigung auf, da die Menschen neue Bereiche der Beschäftigung suchen oder Studenten nach ihrer Ausbildung in das Berufsleben eintreten wollen. Auch diese Form der Arbeitslosigkeit ist nur kurzfristig.

Die strukturelle Arbeitslosigkeit ist auf die andauernden Veränderungen der Produktionsstrukturen in einer dynamischen Volkswirtschaft zurückzuführen. Diese Strukturwandel bewirken ein Wachsen und Schrumpfen der Arbeitsnachfrage in verschiedenen Branchen. Neue Möglichkeiten der Beschäftigung entstehen und andere gehen zurück. Das Arbeitsangebot kann sich oft nicht schnell genug anpassen. Es kann zu einem regionalen Missverhältnis zwischen Arbeitsangebot und Arbeitsnachfrage bzgl. Qualifikationen, Berufen, Branchen, Geschlecht und Alter kommen. Eine gut durchdachte staatliche Finanz- und Wirtschaftspolitik kann dazu beitragen, dass der Strukturwandel reibungslos und schnell erfolgt. Versagt der Staat, kann es durch die schlechte Entwicklung von Wachstumsbranchen oder Verzerrungen bei den Löhnen zu einem starken Anstieg der Sockelarbeitslosigkeit kommen. Der nach einer vollständigen Konjunkturerho-

---

[12] vgl. Samuelson (1998), S. 567

lung verbleibende Anteil der Arbeitslosigkeit ist die so genannte Sockelarbeitslosigkeit. Dabei wird von voll ausgelasteten Kapazitäten ausgegangen.

2.1.2 Die Entwicklung der Arbeitslosigkeit

2.1.2.1 Die Zunahme der Sockelarbeitslosigkeit seit 1973

Gegenüber den 50er und 60er Jahren weist die Entwicklung der Arbeitslosigkeit seit den 70er Jahren Besonderheiten auf. Trotz eines sinkenden Kapazitätsauslastungsgrad stieg die Arbeitslosenquote. Nachdem die Kapazitätsauslastung wieder anstieg, blieb die Arbeitslosenquote auf konstant hohem Niveau. Der Auslöser dieser Entwicklung war die im Oktober 1973 ausgebrochene Ölkrise.[13] Sie bewirkte eine Einschränkung der Rohölimporte nach Deutschland. Die Folge waren stark gestiegene Preise und ein Rückgang der Nachfrage nach Gütern. Dies führte wiederum zur Erhöhung der Arbeitslosenzahlen und damit auch erstmalig zu einer starken Zunahme der Kosten der Arbeitslosigkeit bei gleich bleibender Wettbewerbsfähigkeit. In den Rezessionsjahren 1974/75 kam es dann in der Folge steigender Reallöhne und einem Exportrückgang zu einem verstärkten Beschäftigungseinbruch. Die Arbeitslosenquote stieg von 1,2 Prozent im Jahr 1973 auf 4,7 % im Jahr 1975.[14] Die Zahl der Arbeitslosen vervierfachte sich innerhalb von 2 Jahren.[15] Ein bis dahin realisiertes Nachkriegsrekordniveau.

Mit dem Ende 1975 einsetzenden Aufschwung blieb die Zahl der Arbeitslosen erstmals auf konstantem Niveau. Im Vergleich zu den vorangegangenen Jahrzehnten eine ungewöhnliche Situation. Heute gehen die Meinungen auseinander, wenn es um eine Begründung des Anstiegs der Sockelarbeitslosigkeit geht. Zum einen werden strukturelle Probleme und zum anderen die restriktive Wirkung der Konsolidierungspolitik als Ursachen genannt.[16] Aufgrund der ausgabenwirksamen Maßnahmen und Steuersenkungen 1979/80 wurde nach kurzfristigem Rückgang der Wachstumsrate des BIP ein erneuter Aufschwung ausgelöst. Trotz des stärksten Zugangs an abhängig Beschäftigten in den 70er Jahren konnte damit die Arbeitslosenquote auf 3,8 % gesenkt werden. Die Sockelarbeitslosigkeit lag trotzdem 1980 um 740.000 registrierte

---

[13] vgl. Beißinger (1997), S.238 ff.

[14] vgl. Anhang 1

[15] vgl. Hinrichs et al. (2002), S. 8

[16] vgl. Beißinger (1997), S.243

beitslosigkeit lag trotzdem 1980 um 740.000 registrierte Arbeitslose höher als noch 1970.[17]

Die Ölkrise 1979 und eine von der Bundesbank restriktiv geführte Geldpolitik hatten in den Jahren der Rezession 1981/82 eine erneute Zunahme der Arbeitslosigkeit zur Folge. So stieg die Zahl der registrierten Arbeitslosen bis 1982 auf 1,8 Millionen. Das entspricht einer Arbeitslosenquote von 7,5 %.[18] In diesem Zusammenhang ist jedoch auch beachtenswert, dass die Erwerbsquote im Zeitraum 1977 bis 1982 von 43,7 % auf 46,4 % zunahm. Die Ursachen sind die in den Arbeitsmarkt eingetretenen geburtenstarken Jahrgänge und die stetig ansteigende Erwerbsneigung von Frauen. Im weiteren Verlauf der achtziger Jahre verharrte die Arbeitslosigkeit trotz ansteigender Wachstumsraten aber auch eines kräftigen Beschäftigungsschubs auf einem Niveau knapp über 2 Millionen Menschen. 1990 wurde eine Arbeitslosenquote von 7,2 % erreicht. Im Vergleich zum Jahr 1980 nahm die Sockelarbeitslosigkeit um weitere 994.000 Menschen zu.[19]

Im Zuge der deutschen Wiedervereinigung am 3.Oktober 1990 waren umfassende strukturelle Anpassungen des ostdeutschen Arbeitsmarktes an das marktwirtschaftliche System notwendig geworden. Der Systemwechsel ließ die verdeckte zu einer offenen Arbeitslosigkeit werden. Schon 1991 wurde in den neuen Bundesländern eine Arbeitslosenquote von 10,3 % erreicht.[20] Es entstand ein ungleiches Verhältnis zwischen neu geschaffenen und vernichteten Arbeitsplätzen. Zudem wurde ein großer Teil der Arbeitslosen durch Arbeitsbeschaffungsmaßnahmen, Umschulungen oder Vorruhestands-Regelungen aufgefangen, wodurch die Zahl der Erwerbstätigen sank. Aufgrund der Rezession im Jahr 1993 und den strukturellen Anpassungsschwierigkeiten in Ostdeutschland stieg dort die Arbeitslosenquote auf 16 %. Bis 1997 wurden dann traurige 19,5 % erreicht.[21]

Die Angliederung der ehemaligen DDR löste zunächst in den alten Bundesländern einen regelrechten Wirtschaftsboom aus. Aufgrund umfangreicher finanzieller Transfers in die neuen Bundesländer ließ die dadurch ausgelöste Zunahme der „Güternachfrage nach westdeutschen Produk-

---

17 vgl. Anhang 1
18 vgl. Anhang 1
19 vgl. Anhang 1
20 vgl. Anhang 2
21 vgl. Anhang 2

ten"[22] im früheren Bundesgebiet das gesamtdeutsche Bruttoinlandsprodukt auf 5,7 % anwachsen. Die Beschäftigung wuchs in den alten Bundesländern um 725.000 Menschen und die Arbeitslosenquote fiel hier auf 6,3 %.[23] Die Zahl der Arbeitslosen hätte noch weiter zurückgehen können, wenn der Zustrom an „Wirtschaftsflüchtlingen" in die alten Bundesländer nicht gewesen wäre. Nachdem der Vereinigungsboom langsam abflaute, ließ die schon seit 1990 schwache Auslandsnachfrage das BIP bis 1993 auf Rezessionsniveau absinken. Aufgrund dessen stieg auch die Arbeitslosenquote auf 8,2 % in den alten Bundesländern wieder an.[24] In den folgenden Jahren kam es trotz ansteigender Wachstumsraten zu verstärkten Rationalisierungsmaßnahmen. Die Unternehmen begründeten ihr Vorgehen mit der Wiederherstellung der Wettbewerbsfähigkeit auf den Weltmärkten. Aber auch der Anstieg der Lohnstückkosten und die Aufwertung der D-Mark ließ die Zahl der Arbeitslosen auf den bis dahin höchsten Stand in den alten Bundesländern in der Nachkriegsgeschichte ansteigen. Die Arbeitslosenquote stieg von 8,2 % im Jahr 1993 auf 11 % in 1997.[25] Damit war die Zahl der Arbeitslosen in Westdeutschland das erste Mal höher als 3 Millionen Menschen.

Nach dieser zweigeteilten Betrachtung des Arbeitsmarktes bis 1997 wird der gesamtdeutsche Arbeitsmarkt dargestellt. Von 1991 bis 1997 stieg die Anzahl der Erwerbspersonen um 300.000 auf 40,93 Millionen. Die Arbeitslosenquote nahm bis 1997 auf 12,7 % zu.[26] Die Zahl der registrierten Arbeitslosen auf dem gesamtdeutschen Arbeitsmarkt erhöhte sich somit bis 1997 um ca. 1,5 Millionen Menschen.[27]

Nach dem Regierungswechsel zur rot-grünen Koalition im Jahr 1998 verringerte sich die Arbeitslosenquote um 2% auf 10,3% im Jahr 2001. Die Zahl der Arbeitslosen in Deutschland verharrte auf einem erschreckend hohen Niveau, trotz des Konjunkturaufschwungs von 1997 bis zum Frühling 2001. Ein anwachsendes Arbeitsangebot und eine zurückgehende Arbeitskräftenachfrage im Jahr 2002 verschärfte die Arbeitsmarktsituation deutlich. Seitdem verschlechtert sich die Situation kontinuierlich. Die gesamtdeutsche Arbeitslosenquote stieg bis 2004 auf 11,7 % an. In den neuen Bundesländern wurden 2003 und 2004 mit 20,1 % die höchsten Ar-

---

[22] Beißinger (1997), S. 256
[23] vgl. Anhang 2 & 3
[24] vgl. Anhang 2
[25] vgl. Anhang 2
[26] vgl. Anhang 1 & 2
[27] vgl. Anhang 1

beitslosenquoten seit der Wiedervereinigung erreicht.[28] Nur in den alten Bundesländern war der Anstieg der Arbeitslosigkeit nicht gravierend. Im Jahresdurchschnitt 2004 wurden 4,381 Millionen Arbeitslose in Deutschland registriert.[29] Zudem werden zunehmend Geringqualifizierte arbeitslos.[30] Die Regierung unter Gerhard Schröder machte daher die Förderung des so genannten Niedriglohnsektors zu einem beschäftigungspolitischen Schwerpunktthema. Dieses arbeitsmarktpolitische Konzept zeigt bis heute wenig Erfolg. Es bleibt abzuwarten, ob die im Jahr 2005 umgesetzten „Hartz-Reformen" positive Auswirkungen auf den Arbeitsmarkt, speziell für die neuen Bundesländer, haben werden.[31]

Die Entwicklung der Arbeitslosigkeit in den vergangenen 35 Jahren lässt die zunehmende Sockelarbeitslosigkeit erkennen. Die Arbeitslosenzahlen schwanken kurzfristig aufgrund des wiederkehrenden Konjunkturzyklus. Langfristig ist jedoch ein treppenförmiger Aufwärtstrend zu beobachten.[32] Die Arbeitslosigkeit verfestigt sich mit einem Anstieg der Langzeitarbeitslosenzahlen auf hohem Niveau. Langzeitarbeitslose sind Personen, die länger als 12 Monate arbeitslos sind. Mit der Zunahme der Sockelarbeitslosigkeit in den vergangenen Jahrzehnten sind damit auch kontinuierlich die fiskalischen und gesamtwirtschaftlichen Kosten gestiegen.

2.1.2.2 Arbeitslosenquoten ausgewählter Personengruppen

Im Folgenden wird die Arbeitslosigkeit verschiedener Bevölkerungsgruppen untersucht. Dabei werden Problemgruppen am Arbeitsmarkt benannt und die Arbeitslosenquoten im Zeitablauf abgebildet.

Mit der Zunahme der Sockelarbeitslosigkeit hat sich auch die durchschnittliche Dauer der Arbeitslosigkeit erhöht. Seit der Wiedervereinigung sind besonders ältere Arbeitslose über 55 Jahre von Langzeitarbeitslosigkeit betroffen.[33] In den letzten 35 Jahren gab es immer wieder Verschiebungen innerhalb der Altersklassen. Bis in die Mitte der 70er Jahre sank der Anteil an älteren Arbeitslosen sehr stark von 50 % im Jahr 1968 auf 10,2 %. Ab Mitte der achtziger Jahre waren dann die älteren Erwerbstätigen wieder mehr von Arbeitslosigkeit betroffen im Vergleich zu den unter 25-Jährigen. Diese Entwicklung hielt an, obwohl seit 1986 die über

---

28 vgl. Anhang 2

29 vgl. Anhang 4

30 vgl. Anhang 5

31 vgl. Bundesministerium für Wirtschaft und Arbeit (2003), S.1 ff.

32 vgl. Anhang 4

33 vgl. Anhang 6

58-Jährigen nicht mehr zu den registrierten Arbeitslosen gezählt wurden. Unter der Kohl-Regierung wurden noch weitere Vorruhestandsregelungen getroffen. So ist der weitere Rückgang der Arbeitslosenquote der über 55-Jährigen von 21,5 % im Jahr 2000 auf 17,8 % im Jahr 2001 hauptsächlich auf den Vorruhestand zurückzuführen.[34]

Im Grunde haben ältere Arbeitnehmer ein geringes Risiko arbeitslos zu werden. Muss ein Unternehmen Rationalisierungsmaßnahmen vornehmen, so sind ältere Arbeitnehmer bei langer Betriebszugehörigkeit durch den Sozialplan bzw. starken Kündigungsschutz relativ sicher vor einer Entlassung. Werden sie dennoch arbeitslos, finden sie sehr viel schwerer eine neue Beschäftigung im Vergleich zu den Jüngeren.[35]

Die Jugendarbeitslosigkeit hat sich im Vergleich zur Arbeitslosigkeit älterer Erwerbstätiger fast spiegelbildlich entwickelt. Seit Anfang der achtziger Jahre ist diese um fast 20 % auf 11,4 % gesunken.[36] Die demografische Entwicklung führt dazu, dass immer weniger junge Erwerbstätige in den Arbeitsmarkt eintreten, so dass das Problem der Jugendarbeitslosigkeit nicht so gravierend ist wie das der älteren Arbeitslosengruppe. Aus den Daten der Grafik „Dauer der Arbeitslosigkeit im Jahr 2003" im Anhang 7 ist ablesbar, dass junge Arbeitslose deutlich weniger von Langzeitarbeitslosigkeit betroffen sind im Vergleich zu den älteren Arbeitslosen zwischen 55 und unter 65 Jahren.[37]

Eine weitere Problemgruppe sind die Arbeitslosen ohne Berufsabschluss, die so genannten Geringqualifizierten. Die Arbeitslosenquote dieser Personengruppe hielt sich bis 1991 auf gleich hohem Niveau. Erst seitdem sinken die Prozentpunkte aufgrund des wesentlich geringeren Anteils der Geringqualifizierten in den neuen Bundesländern.

---

[34] vgl. Hinrichs et al.(2002), S.20

[35] vgl. Statistisches Bundesamt (2002), S.103 ff.

[36] vgl. Hinrichs et al.(2002), S. 20 & Anhang 6

[37] vgl. Hagen et al. (2000), S.93 & Anhang 7

Abbildung 2 zeigt, wie sich der Anteil der Langzeitarbeitslosen am gesamten Bestand der Arbeitslosen mit kurzfristigen Schwankungen auf 33,5 % im Jahr 2001 seit 1967 stark erhöht hat. Zugleich sinkt der Anteil der Geringqualifizierten bei den Arbeitslosen insgesamt:

Abbildung 2: Geringqualifizierte und Langzeitarbeitslose

Quelle: Hinrichs et al. (2002), S.18

Trotz der sinkenden Zahlen der gering qualifizierten Arbeitslosen sind Erwerbstätige ohne abgeschlossene Berufsausbildung weiterhin überdurchschnittlich vom Risiko arbeitslos zu werden betroffen.[38] Des Weiteren werden die Arbeitsplätze der Unqualifizierten im Zuge des Strukturwandels nach den verfügbaren Prognosen zukünftig mehr und mehr gestrichen. Demnach schützt eine marktgängige Ausbildung nach wie vor gut gegen Arbeitslosigkeit. Für Menschen mit höherer Qualifikation (z.B. Universität oder Fachhochschule) ist Arbeitslosigkeit weniger ein Thema. Die Arbeitslosenquote liegt hier knapp unter 5 %.[39]

---

38 vgl. Anhang 5

39 vgl. Anhang 5

Die folgende Abbildung 3 zeigt die Benachteiligung der Gruppe ohne abgeschlossene Berufsausbildung und der 55- bis 64-jährigen auf dem deutschen Arbeitsmarkt in den Jahren 1993, 1998 und 2001:

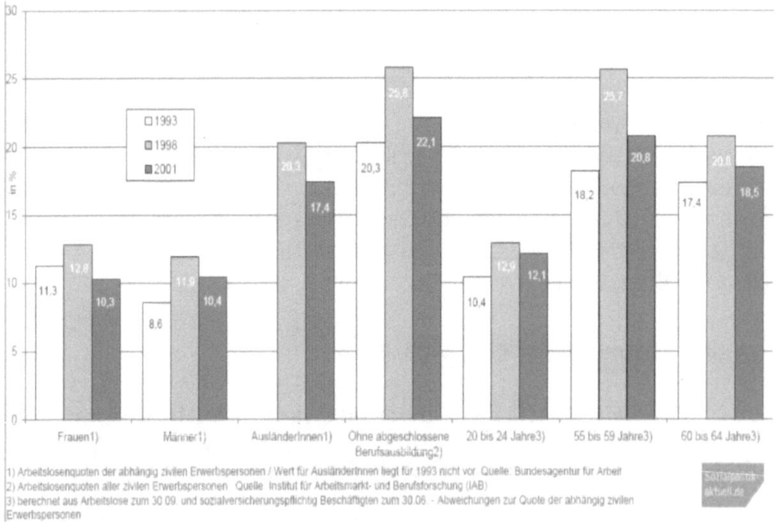

Abbildung 3: Arbeitslosenquoten ausgewählter Personengruppen 1993, 1998 und 2001

Quelle: http://www.sozialpolitik-aktuell.dedocs4ababblV39.pdf, Stand: 20.05.2005; IAB & Bundesagentur für Arbeit; (Siehe auch: Anhang 8 & 9)

Frauen waren eine Problemgruppe am Arbeitsmarkt, denn aus Abbildung 3 ist auch ersichtlich, dass sich die Arbeitslosenquoten der Frauen und Männer nahezu angeglichen haben. Im Anhang 9 ist auch die lange Reihe der Arbeitslosenquoten des statistischen Bundesamtes seit 1971 bis in das Jahr 2004 angegeben. Sie unterstreicht noch einmal das Geschilderte. In den vergangenen Jahren ist die Arbeitslosenquote der Frauen für Deutschland mit 10,8 % im Jahr 2004 sogar unter die der Männer mit 12,5 Prozentpunkten gesunken. Die Zahlen können jedoch auch täuschen. Die im Osten Deutschlands gesunkene Arbeitslosenquote der Frauen kann auch auf eine geringere Erwerbsneigung dieser Gruppe aufgrund der weiterhin schlechten Arbeitsmarksituation in den neuen Bundesländern zurückgeführt werden.[40]

[40] vgl. Anhang 8 & Statistisches Bundesamt (2002), S. 105

Einst in den 60er Jahren als Gastarbeiter angeworben, um den Arbeitskräftemängel in Deutschland zu beheben, stellt heute die Gruppe der ausländischen Arbeitnehmer eine weitere Problemgruppe am Arbeitsmarkt dar. Das hohe Risiko arbeitslos zu werden beruht zum großen Teil auf einer geringeren beruflichen und auch sprachlichen Qualifikation. Die kaum vorhandene Integrationspolitik der vergangenen Jahrzehnte führte somit auch zum Anstieg der Arbeitslosigkeit in Deutschland. Im Jahr 2000 waren in Deutschland durchschnittlich 471.000 Menschen ausländischer Herkunft als arbeitslos registriert. Dies entspricht 12,1 Prozentpunkten aller Arbeitslosen. Aufgrund der schlechten Konjunktur stieg auch hier die Arbeitslosenquote erheblich von 17,3 % in 2000 auf 20,4% im Jahr 2004.[41] In den neuen Bundesländern und Ost-Berlin spielt die Unterbeschäftigung von ausländischen Erwerbstätigen nur eine geringe Rolle. Der Anteil an allen Arbeitslosen lag in diesen Regionen bei nur 2,5 %.[42]

2.2 Die Kosten der Arbeitslosigkeit

2.2.1 Volkswirtschaftliche und betriebswirtschaftliche Kosten

Für den Begriff der „volkswirtschaftlichen Kosten" werden alternativ auch die Bezeichnungen „Sozialkosten" oder „Gesellschaftliche Kosten" in gleicher Bedeutung Verwendung finden. Mit dem Begriff der volkswirtschaftlichen Kosten werden „alle direkten und indirekten Verluste, die Drittpersonen oder die Gesamtheit als Folge der privaten Wirtschaftstätigkeit erleiden"[43], erfasst.

Der betriebswirtschaftliche Kostenbegriff stellt „den mit Preisen bewerteten Verzehr von Produktionsfaktoren (einschließlich öffentlicher Abgaben) dar, der durch die Erstellung der betrieblichen Leistungen verursacht wird."[44]

Was in der Betriebswirtschaft als „Verzehr von Produktionsfaktoren" bezeichnet wird, wird in der Volkswirtschaft ähnlich als „Verlust" dargestellt. Gleiches gilt für die Bezeichnung „private Wirtschaftstätigkeit" und „Erstellung der betrieblichen Leistungen" in der betriebswirtschaftlichen Definition. Einzig die Bewertung des „Verzehrs der Produktionsfaktoren" unterscheidet den betriebswirtschaftlichen vom volkswirtschaftlichen Kostenbegriff. Warum ist das so?

---

[41] vgl. Anhang 10

[42] vgl. Statistisches Bundesamt (2002), S. 105

[43] Kapp (1958), S. 12

[44] Wöhe (1996), S. 492

Der Betriebswirt bedient sich der Gewinn– und Verlustrechnung zur Preisfindung eines hergestellten Produktes. Die Erfassung aller Transaktionen ist ihm wichtig. Güter, die keinen Marktpreis haben, braucht er nicht zu beachten. Dennoch ist der Verbrauch dieser Güter in der Produktion bedeutend, da sie aus volkswirtschaftlicher Sicht auch Verluste verursachen können. Den Volkswirten ist es dementsprechend ein Anliegen, die Folgen der betriebswirtschaftlichen Transaktionen in den Bilanzen aufzudecken und „the true resource costs of an activity"[45] zu messen. Volkswirte betrachten dementsprechend alle anfallenden Kosten, seien sie nun monetär oder nicht-monetär, um daraus mögliche Verluste ableiten zu können.

Die Arbeitsleistung des Menschen kann als Güterverbrauch betrachtet werden. Die infolge der Arbeit auftretenden Schäden des Gutes Gesundheit werden im betrieblichen Kostenkalkül nicht direkt beachtet. In Ausnahmefällen werden in riskanten Berufen höhere Löhne gezahlt. Die gesundheitlichen Schäden wirken sich auf höhere Ausgaben im Gesundheitswesen und damit auf die dadurch ansteigenden Sozialversicherungsbeiträge der sozialversicherungspflichtigen Erwerbstätigen aus. Infolge der betrieblichen Güterproduktion fällt entsprechend ein nicht erfassbarer Güterverbrauch an, der volkwirtschaftliche Kosten verursacht, der eigentlich den Kosten der Güterproduktion zurechenbar ist. Entsprechend sind die volkswirtschaftlichen Kosten diejenigen, „für die private Unternehmer nicht ohne weiteres verantwortlich gemacht werden können"[46].

Die Sozialkosten beinhalten auch die Kosten der Arbeitslosigkeit, die im Folgenden erläutert werden.[47] Im marktwirtschaftlichen System antwortet ein Unternehmen auf einen Gewinnrückgang oder gar Verlust mit der Senkung der variablen Lohnkosten. Der Arbeiter mit seinem frei ausgehandelten Lohnvertrag ist Bestandteil dieser. Eine Senkung der Lohnkosten des Betriebes hat somit auch Auswirkungen auf den Personalbestand des Unternehmens und führt neben Lohnkürzungen auch zu Rationalisierungsmaßnahmen. Besonders in konjunkturellen Abschwungsphasen kommt es zu einer Welle von Entlassungen und zu immer weniger Nachfrage von Arbeitsleistung. Zudem werden die volkswirtschaftlichen Kosten in der Privatwirtschaft als zunehmende Stückkosten auf die Produktionsstufen und somit auf die Gesellschaft abgewälzt. Ein Anstieg der Ar-

---

[45] Samuelson (1998), S. 128

[46] Kapp (1958), S.13

[47] vgl. Kapp (1958), S. 144 ff.

beitslosigkeit und damit auch der Sozialkosten (z.B. Arbeitslosenunterstützung) ist die Folge von marktwirtschaftlicher Organisation und dem daraus entstehenden Wohlfahrtsverlust, weil Menschen nicht erwerbstätig sind. Arbeitslosigkeit bedeutet volkwirtschaftlicher Verlust, da dadurch das Realeinkommen sinkt, es zu Einkommensausfällen kommt und dies „praktisch für jede Bevölkerungsschicht eine Senkung des Lebensstandards"[48] bedeutet.

Die Kosten der Arbeitslosigkeit können, wie schon erwähnt, zum einen monetär bewertet werden aber auch nicht-monetär sein. Finanzielle Kosten werden in Geldgrößen bewertet und fallen als Ausgaben an.

2.2.2 Psychosoziale Kosten

Kosten können auch nicht-monetäre Verluste darstellen. So sind traumatische Schocks und eine damit einhergehende Schädigung der psychischen Stabilität des Menschen, z.B. durch den Verlust der Arbeit, aber auch ein sinkendes solidarisches Verhalten in der Gesellschaft, Verluste, die nur schwer monetär bewertet werden können. Diese Verluste werden als psychosoziale Kosten bezeichnet.

Für den Einzelnen bedeutet die Erwerbstätigkeit mehr als nur die Sicherung der finanziellen Existenz. Der Arbeitsplatz ermöglicht es auch, soziale Kontakte zu knüpfen, die tägliche Beschäftigung planerisch zu gestalten und selbstbewusster durch das Leben zu gehen.[49] Der Verlust des Arbeitsplatzes bedeutet daher auch gesellschaftliche Isolierung und Verunsicherung des einzelnen. Führt die Kündigung gar in die Langzeitarbeitslosigkeit, so steigen diese so genannten psychosozialen Kosten stark an. Auf die psychosozialen und gesundheitlichen Kosten wird detailliert im Abschnitt 5 eingegangen.

2.2.3 Opportunitätskosten

Wie schon dargestellt, geht die volkswirtschaftliche Definition der Kosten über die betriebswirtschaftliche hinaus. Die volkswirtschaftlichen Kosten enthalten nicht nur finanzielle Aspekte, sondern auch die eben Ansatzweise erläuterten psychosozialen Kosten sowie die subtileren Opportunitätskosten, auch Alternativkosten genannt. Wenn Menschen Entscheidungen treffen, fallen Opportunitätskosten an, denn sobald sich eine Person für eine mögliche Alternative entscheidet, verzichtet sie damit gleich-

---

48 Kapp (1958), S. 147

49 vgl. Friedrich (1981), S. 49

zeitig auf viele andere Alternativen. „The opportunity cost is the value of the good or service forgone."[50] Opportunitätskosten werden zumeist für nicht auf dem Markt gehandelte Güter, wie z.B. saubere Luft, angewendet.

Mit Hilfe der Opportunitätskosten der Arbeitslosigkeit wird somit eine Möglichkeit geschaffen, Güter zu bewerten, welche produziert werden könnten, wenn die Arbeitsleistung der Arbeitslosen gebraucht würde. Es stellt sich also die Frage, welche Wohlfahrtsgewinne bzw. zusätzlichen Produktionswerte möglich wären, wenn Vollbeschäftigung herrscht. Somit sind die Eigenschaften dieser Kosten eher fiktiver Natur. Die Opportunitätskosten können pro Arbeitslosen oder auch für die Volkswirtschaft ermittelt werden. Detaillierter wird auf dieses Thema noch in Abschnitt 4 eingegangen.

---

50 Samuelson (1998), S. 128

3 Die gesamtfiskalischen Kosten durch Arbeitslosigkeit

3.1 Gesetzliche Grundlagen und die „Hartz-Reformen"

Im Folgenden werden die einzelnen Komponenten der gesamtfiskalischen Kosten der Arbeitslosigkeit und die mit ihnen zusammenhängenden gesetzlichen Regelungen sowie deren Neugestaltung zusammengefasst.

Die folgenden Regelungen galten bis zum Jahr 2002 und teilweise darüber hinaus. Es bestanden drei unterschiedliche soziale Sicherungssysteme der Arbeitslosenversicherung nebeneinander.[51] Verlor jemand seinen Arbeitsplatz und somit auch sein Erwerbseinkommen, erhielt dieser Lohnersatzzahlungen aus der Arbeitslosenversicherung. Diese staatliche Unterstützung wurde nur unter bestimmten Voraussetzungen gezahlt. Ein Arbeitsloser erhielt zunächst das Beitragsfinanzierte Arbeitslosengeld. Die Dauer der Gewährung war abhängig vom Alter und der Länge des Versicherungsverhältnisses und lag zwischen 6 und 32 Monaten. Die Höhe des Arbeitslosengeldes lag bei 60 % bzw. 67 % des Nettoarbeitsentgelts.[52] Dauerte die Arbeitslosigkeit länger an und wurde der Arbeitslose als bedürftig eingestuft, zahlte der Staat die Steuerfinanzierte Arbeitslosenhilfe aus. Diese betrug 53 % bzw. 57 % des Nettoarbeitsentgeltes und galt zunächst unbefristet.[53] Die jeweiligen Nettoeinkommenseinbußen für den Arbeitslosen im Vergleich zur Arbeitslosenunterstützung, um Anreize zur Wiederaufnahme einer Erwerbstätigkeit zu schaffen, werden auch als Kosten der Arbeitslosigkeit definiert. Neben der Reduzierung des Nettoeinkommens für den Arbeitslosen wird gleichzeitig auch das Bruttoeinkommen reduziert. Dies hat eine Senkung der Einnahmen bei den Sozialversicherungsträgern und den Finanzämtern durch nicht eingenommene direkte und indirekte Steuern zur Folge. Diese Einnahmeausfälle werden auch als Kosten der Arbeitslosigkeit erfasst und zumeist durch finanzielle Einsparungen bei öffentlichen sowie kulturellen Einrichtungen wieder ausgeglichen. Auch Steuer- und Beitragserhöhungen bei den Krankenkassen werden gewöhnlich von den Regierenden in Betracht gezogen. Das hohe Ausmaß des Wohlfahrtsverlustes ist hier nur schwer abschätzbar.

Des Weiteren werden auch das Schlechtwettergeld und Kurzarbeitergeld als Kosten der Arbeitslosigkeit definiert und über kurze Fristen ausge-

---

51 vgl. Bundesministerium für Wirtschaft und Arbeit (2003), S. 8

52 ebenda

53 ebenda

zahlt. Die Sozialhilfe und das Wohngeld bezogen sich auf den individuellen Bedarf und nicht auf das vorher erzielte Nettoarbeitsentgelt.[54] Beides wurde in Notlagen gewährt und vollständig von der Kommune finanziert.

Werden die genannten einzelnen Komponenten mit den im vorherigen Abschnitt 2.2 erläuterten Kostenarten zusammengefasst, so können im weiteren Verlauf dieser Arbeit folgende Kosten der Arbeitslosigkeit untersucht werden:

- Ausgaben der staatlichen Verwaltung[55]
- Einnahmeausfälle der staatlichen Verwaltung
- Einnahmeausfall pro Arbeitslosem und wenn vorhanden der Haushaltsgemeinschaft
- Opportunitätskosten für den Arbeitslosen und die Gesellschaft
- Psycho-soziale Kosten pro Arbeitslosem, dessen Haushaltsgemeinschaft, wenn vorhanden und für die Gesellschaft.

Aufgrund der Kostenexplosion durch den kontinuierlichen Anstieg der Sockelarbeitslosigkeit hat sich die Bundesregierung unter Gerhard Schröder im Jahr 2002 dazu entschieden, eine Kommission mit der Änderung der Arbeitsmarktgesetzgebung in Deutschland zu beauftragen.[56] In der Politik und der Gesellschaft wurde folgende Kritik an den bisherigen gesetzlichen Regelungen laut: Das Nebeneinander von zwei „bedürftigkeitsabhängigen Sozialleistungssystemen", also der Arbeitslosen- und der Sozialhilfe, lässt sich „ökonomisch und kostenträchtig"[57] nur schwer begründen. Unzureichende Transparenz, zuviel Bürokratie und damit einhergehende Hürden für die arbeitslosen Menschen in Deutschland sollen durch die so genannten „Hartz-Gesetze" verschwinden. Unterschiedliche Regelungen führen zu ungleicher Behandlung der Leistungsempfänger. Zudem führen eine „mangelnde Abstimmung und vor allem die unklaren Verantwortlichkeiten bei gegebenen rechtlich-institutionellen Rahmenbedingungen zu massiven Kostenverschiebungen zwischen den

---

54 Bundesministerium für Wirtschaft und Arbeit (2003), S. 8

55 insbesondere der Bundesagentur für Arbeit, den Sozialversicherungsträgern und den Finanzämtern

56 vgl. Fertig et al. (2004), S.17

57 Bundesministerium für Wirtschaft und Arbeit (2003), S. 8

unterschiedlichen"[58] Leistungsträgern. Am 22. Februar 2002 wurde die „Kommission für moderne Dienstleistungen am Arbeitsmarkt" gegründet und legte im August desselben Jahres u. a. folgende Vorschläge vor:[59] Ansprüche an das Arbeitslosengeld (neu: Arbeitslosengeld I) werden nicht generell geändert. Die Bezugsdauer beträgt hier maximal 12 Monate. Die Arbeitslosenhilfe und Sozialhilfe werden zum Arbeitslosengeld II zusammengefasst, welches unterhalb des Leistungsniveaus der bisherigen Sozialhilfe liegt. Damit besteht nur noch eine Leistung zur Sicherung des Lebensunterhalts im Anschluss an das Arbeitslosengeld I. Das Arbeitslosengeld II wird durch Steuern finanziert und erfordert eine Bedürftigkeitsfeststellung. Ob eine arbeitslose Person erwerbsfähig ist, entscheiden ein Fallmanager und ein Arzt im Job-Center. Das Job-Center ist nunmehr die einheitliche Anlaufstelle für alle erwerbsfähigen Arbeitslosen. Sämtliche finanzielle Lasten, die hier anfallen, werden zwischen Bund, Ländern und Kommunen aufgeteilt.

Des Weiteren entspricht der vorherigen Sozialhilfe nun das so genannte Sozialgeld. Diese Leistung können Personen beantragen, die nicht erwerbsfähig sind. Für die Verwaltung und finanziellen Ausgaben sind hier die zuständigen Kommunen verantwortlich.

Zur Reduzierung des administrativen Aufwands bei den staatlichen Stellen sowie bei den Arbeitgebern wurde vorgeschlagen, für die Berechnung des Arbeitslosengeldes grundsätzlich den durchschnittlichen Lohn der vergangenen 12 Monate zugrunde zu legen. Zudem soll während des Leistungsbezugs auf die jährliche Anpassung des Bemessungsentgeltes an die Entwicklung der Bruttoarbeitsentgelte verzichtet werden.

Am 1. Januar 2005 konnte nach Abstimmungen im Bundestag und Bundesrat und Absprachen mit den Oppositionsparteien das vierte und vorerst letzte Hartz-Gesetz in Kraft treten. In der Bevölkerung und besonders bei den Gewerkschaften sowie den Menschen in den Neuen Bundesländern machte sich während der Umsetzung der neuen gesetzlichen Regelungen am Arbeitsmarkt Unmut breit. Der Wirtschaftswissenschaftler Rudolf Hickel fasst mit seiner Kritik an den „Hartz–Reformen" die problematische Kostensituation infolge der hohen Arbeitslosigkeit in Deutschland treffend zusammen: „Das vorrangige Motiv ist vor allem, Sozialausgaben einzusparen. Wir haben die hohe Arbeitslosigkeit, wir haben hohe

58 ebenda

59 vgl. http://de.wikipedia.org/wiki/Hartz-Konzept, Stand: 25.5.2005

Kosten durch die Arbeitslosigkeit. Das vorrangige Ziel ist einfach einzusparen. (...)"[60]

3.2 Ausgaben staatlicher Kostenträger

Im Folgenden werden die gesamtfiskalischen Kosten der registrierten Arbeitslosigkeit und der Stillen Reserve in Maßnahmen detaillierter untersucht. Dabei wird speziell die Entstehung der Ausgaben der Bundesagentur für Arbeit sowie des Bundes, der Länder und der Gemeinden für die Jahre 1999 bis 2003 betrachtet. Für Maßnahmen der aktiven Arbeitsförderung werden die Jahre 2002 und 2003 genauer analysiert. Dem gegenüber werden im Punkt 3.3 die Mindereinnahmen in Folge der Unterbeschäftigung für die Jahre 1999 bis 2003 genauer dargestellt. Hierbei wird es vor allem um direkte und indirekte Steuerausfälle sowie um die stetig sinkenden Einnahmen der staatlichen Sozialversicherungen gehen. Wie schon in Abschnitt 2.2 erläutert, fallen diese Mehrausgaben und Mindereinnahmen als Kosten der Arbeitslosigkeit an, die in Geldgrößen bewertet werden.

3.2.1 Ausgaben der Bundesagentur für Arbeit

Nachdem die Arbeitslosigkeit im Abschnitt 2 definiert, das Ausmaß der Unterbeschäftigung sowie die gesetzlichen Grundlagen beschrieben wurden, ist es nun sinnvoll die einzelnen Kostenkomponenten auf Bundesebene zu erläutern. Dazu empfiehlt sich zunächst eine Analyse der Ausgaben im Haushalt der Bundesagentur für Arbeit.[61] Ein Teil der Ausgaben fällt durch die aktive Arbeitsmarktpolitik an, ein Interventionsinstrumentarium des Staates, das dazu dient, Menschen ohne Arbeit in eine dauerhafte Beschäftigung am ersten Arbeitsmarkt zu vermitteln.[62] Die Förderung der unter Abschnitt 2.1.2.2 genannten Problemgruppen ist hier von großer Bedeutung.

Die Tabelle in Anhang 11 gibt einen guten Überblick der Ausgaben der Bundesagentur sowie des Bundes. In der linken Spalte sind die Ausgabenbereiche und in den rechten Spalten jeweils die anfallenden Kosten für die Jahre 2002 und 2003 für Gesamtdeutschland abgebildet. Weiter unten in der Tabelle sind die jeweiligen Prozentanteile an den gesamten Ausgaben dargestellt. In der ersten Zeile sind die gesamten Ausgaben der

---

60 http://www.wikipedia.org/wiki/Hartz-Konzept, Stand: 25.5.2005

61 vgl. SGB IV, § 71a

62 vgl. ANBA (2003), S. 95

Bundesagentur aufgelistet. In einem weiteren Kostenblock erscheinen die Leistungen für die aktive Arbeitsförderung. „Die für die Ermessensleistungen der aktiven Arbeitsförderung veranschlagten Mittel" sind mit Ausnahmen „im Haushalt der Bundesagentur für Arbeit in einem Eingliederungstitel"[63] eingestellt. Die Ausgaben hierfür sind die höchsten der aktiven Arbeitsförderung. Sie sanken von 2002 auf 2003 um 1407,4 Mio. € auf 12092,2 Mio. €. Dies entspricht 16,4 % der gesamten Ausgaben. Die „Sonstigen Leistungen"[64], welche überwiegend durch die Tätigkeiten der Verwaltung in der Bundesagentur für Arbeit anfallen, verursachten Ausgaben von 8643,3 Mio. € im Jahr 2002 und 8803,9 Mio. € im Jahr 2003. Dies entspricht 11,9 % der gesamten Ausgaben. Zu beachten ist, dass nicht alle hier anfallende Ausgaben auch Kosten der Arbeitslosigkeit sind. Der Verwaltungsaufwand fällt auch für Kindergeldleistungen an.

Die Bundesagentur fördert Arbeitslose durch verschiedene Maßnahmen. Arbeitslose, die an einer Maßnahme teilnehmen, gelten oftmals nicht mehr als registriert arbeitslos, da für diesen Zeitraum eine Art Beschäftigungsverhältnis vorliegt. Liegt kein Beschäftigungsverhältnis vor, so kann den Teilnehmern jederzeit eine Arbeit vermittelt werden. Sie gelten weiterhin als registrierte Arbeitslose. Die für diese Personengruppe getätigten Ausgaben für diese Maßnahmen fallen auch unter die fiskalischen Kosten der Arbeitslosigkeit.

Wie aus dem Haushalt der Bundesagentur ersichtlich, fallen Ausgaben in den Bereichen Arbeitsbeschaffungsmaßnahmen (ABM, §§ 260–271, 416 SGB III) und Strukturanpassungsmaßnahmen (SAM, §§ 272–279, 415 SGB III) für registrierte Arbeitslose an. Durch ABM und SAM wird Beschäftigung geschaffen und gesichert sowie offene Arbeitslosigkeit vermieden. Diese Ausgaben machten im Jahr 2003 einen Anteil von 2,3 % für ABM und 0,8 % für SAM an den gesamten Ausgaben aus.[65] Infolge des Reformprozesses der Bundesagentur[66] und der daraus resultierenden Fokussierung auf die Integration der Arbeitslosen in den ersten Arbeitsmarkt sanken die Ausgaben für Beschäftigung schaffende Maßnahmen am zweiten Arbeitsmarkt. Den Rückgang der Ausgaben im Vergleich der Jahre 2002 und 2003 bei ABM von -657,4 Mio. € und bei SAM von -211,9 Mio. € macht die Tabelle in Anhang 11 deutlich.[67]

---

[63] SGB IV, § 71b (1), Kapitel 2 des BA Haushaltes

[64] vgl. SGB IV, § 73

[65] vgl. ANBA (2000), S. 114 & Anhang 11 (Ziffernzeile 28 & 29)

[66] vgl. ANBA (2003), S.97

[67] vgl. ANBA (2003), S. 95 & Anhang 11

Des Weiteren verursachte die Unterstützung der Berufsausbildung durch die Bundesagentur im Jahr 2003 weit mehr Ausgaben im Vergleich zu ABM und SAM. Unter die Förderung fallen hier „Berufsvorbereitende Bildungsmaßnahmen, Ausbildung in außerbetrieblichen Einrichtungen und Ausbildungsbegleitende Hilfen"[68]. Mit Blick auf die Problemgruppe der Arbeitslosen ohne Berufsqualifikation ist hierbei das Ziel, besonders viele Jugendliche mit einer abgeschlossenen Berufsausbildung in das Erwerbsleben zu schicken. Diese Berufsausbildungsbeihilfen (Vgl. §§ 59–76, 240–247, 413 SGB III) werden als Kosten der Arbeitslosigkeit angesehen. Hierfür geleistete Ausgaben von 2206,9 Mio. € im Jahr 2003 entsprechen 3 % der Ausgaben insgesamt.[69]

Das Sofortprogramm zum Abbau der Jugendarbeitslosigkeit, das seit dem 01.01.1999 in Kraft getreten ist, vermittelt unter 25-jährige Bewerber an Berufsausbildungsstellen. Alle Ausgaben für registrierte Arbeitslose dieser Personengruppe verursachen somit auch Kosten der Arbeitslosigkeit. Die Ausgaben für diese Maßnahmen des Sofortprogramms gingen von 2002 auf 2003 um rund 178 Mio. € auf 924 Mio. € zurück und entsprechen somit 1,3 % der gesamten Ausgaben.[70]

Den stärksten Rückgang der Ausgaben von 2002 auf 2003 verzeichnet die „Förderung der beruflichen Weiterbildung" (vgl. §§ 77–96, 153–159, 417 SGB III) um 1700,8 Mio. € auf 5000,5 Mio. €. Im Jahr 2003 entspricht dies einem Ausgabenanteil von 6,8 % an den gesamten Ausgaben.[71] Durch diese Förderung werden berufliche Qualifikationen an geänderte Anforderungen angepasst. Es kann auch ein fehlender Berufsabschluss nachgeholt werden. Das Ziel dieser Maßnahme ist es, den Teilnehmern bessere Chancen auf dem Arbeitsmarkt zu ermöglichen.

Ein weiterer Bereich der aktiven Arbeitsförderung sind „individuelle Leistungen zur beruflichen Rehabilitation" (vgl. §§ 97–115, 236–239 SGB III). Diese Maßnahmen sollen die Chancen beruflicher Eingliederung von körperlich, geistig oder seelisch behinderten Menschen verbessern. Die Ausgaben lagen hier im Jahr 2003 bei 2977,7 Mio. € und entsprachen einem Anteil von 4 % an den gesamten Ausgaben.[72]

Mit den Mitteln der „Freien Förderung"(vgl. § 10 SGB III) sind die Arbeitsämter berechtigt, „eigenverantwortlich neue arbeitsmarktpolitische In-

---

68 ANBA (2000), S. 110

69 vgl. Anhang 11 (Ziffernzeilen 11 & 31)

70 vgl. ANBA (2003), S.104 & Anhang 11 (Ziffernzeile 12)

71 vgl. ANBA (2000), S. 110 & Anhang 11 (Ziffernzeilen 13 & 33)

72 vgl. ANBA (2000), S. 110 & Anhang 11 (Ziffernzeilen 14 & 34)

strumente zu entwickeln"[73], um die Arbeitslosen schneller in die Beschäftigung zu führen. Die Ausgaben sanken von 2002 auf 2003 sehr stark um 217,8 Mio. € auf 286,3 Mio. €. Dies entspricht einem Anteil von 0,4 % an den gesamten Ausgaben.[74] Auch diese Ausgaben zählen zu den gesamtfiskalischen Kosten der Arbeitslosigkeit.

Die eingesetzten Mittel für die erwähnten Kernbereiche der aktiven Arbeitsmarktpolitik waren erheblich. Die BA gab hier rd. 13,5 Mrd. € im Jahr 2002 und rd. 12,1 Mrd. € im Jahr 2003 für die aktive Arbeitsförderung aus.[75] Die Arbeitsmarktpolitik ist nicht zum Nulltarif, denn werden den Maßnahmekosten die Alternativkosten der durch die Maßnahme vermiedenen Arbeitslosigkeit gegen gerechnet, so ergeben sich Nettokosten sowie ein Netto-Finanzbedarf von durchschnittlich rd. 30 %.[76] Der Nutzen und die positiven Wirkungen der aktiven Arbeitsmarktpolitik sind sehr langwierig und haben ihre Grenzen. Da noch erheblicher Forschungsbedarf bei der Quantifizierung der Kosten und des daraus resultierenden Nutzens der Arbeitsmarktpolitik besteht, wird die aktive Arbeitsförderung in den nachfolgenden Ausführungen zunächst vernachlässigt. In den Unterpunkten 3.4 und 6.3 wird in diesem Zusammenhang noch einmal näher auf die Problematik der Kosten- und Nutzenwirkung der arbeitsmarktpolitischen Maßnahmen eingegangen.

In einem weiteren Kostenblock tätigt die Bundesagentur für Arbeit Ausgaben in Form von Lohnersatzleistungen. Hierzu zählen das Arbeitslosen- und Teilzeitarbeitslosengeld (und die entsprechenden Beiträge zur Sozialversicherung), das Insolvenzgeld sowie sonstige Ausgaben, z.B. für Abwicklungsfälle.[77] Die Arbeitslosenhilfe wird vom Bundeshaushalt übernommen.[78]

---

73 ANBA (2000), S. 110

74 vgl. Anhang 11 (Ziffernzeilen 15 & 35)

75 vgl. Anhang 11 (Eingliederungstitel im Haushalt der BA)

76 vgl. Spitznagel/Bach (2000), S.510

77 vgl. Anhang 11 (Zeilenziffern 16 bis 20)

78 vgl. Bach/ Spitznagel (2003), S.5

Die folgenden Ausführungen und Analysen der gesamtfiskalischen Kosten der Arbeitslosigkeit in diesem Abschnitt beziehen sich auf die folgende Tabelle, die einen guten Überblick bietet:

Tabelle 1: Die gesamtfiskalischen Kosten der Arbeitslosigkeit 1999 bis 2003

		1999	2000	2001	2002	2003
						Deutschland
Registrierte Arbeitslose	Mio	4,10	3,89	3,85	4,06	4,38
Kosten pro Arbeitslosen	1.000 €	18,9	18,7	18,3	18,5	18,9
Kosten pro Alg-Empfänger	"	22,1	22,0	21,6	21,5	21,9
Kosten pro Alhi-Empfänger	"	18,2	18,1	17,6	17,9	18,2
Kosten pro Nicht-Leistungsempfänger	"	15,0	14,6	13,9	13,7	13,9
Gesamtfiskalische Kosten	Mrd €	77,6	72,8	70,3	75,0	82,7
davon :						
Ausgaben Arbeitslosengeld 1) 2)	Mrd €	22,8	21,5	22,2	24,1	25,2
- Leistung Alg	"	13,3	12,6	13,2	14,3	15,0
- Rentenversicherungsbeiträge	"	5,4	5,0	5,1	5,5	5,4
- Krankenversicherungsbeiträge	"	3,7	3,4	3,5	3,9	4,3
- Pflegeversicherungsbeiträge	"	0,4	0,4	0,4	0,5	0,5
Ausgaben Arbeitslosenhilfe 1) 3)	"	14,6	12,3	11,8	13,3	14,9
- Leistung Alhi	"	8,2	8,1	8,2	9,3	11,1
- Rentenversicherungsbeiträge	"	3,6	1,6	1,6	1,8	2,0
- Krankenversicherungsbeiträge	"	2,5	2,4	1,8	2,0	1,6
- Pflegeversicherungsbeiträge	"	0,3	0,2	0,1	0,2	0,2
Ausgaben Sozialleistungen	"	5,1	4,8	4,6	4,2	4,0
- Sozialhilfe	"	4,1	3,9	3,6	3,4	3,2
- Wohngeld	"	1,0	1,0	0,9	0,8	0,8
Mindereinnahmen Steuern	"	16,3	15,0	13,4	14,2	15,9
- Einkommensteuer	"	13,7	12,5	11,1	11,9	13,4
- Indirekte Steuern	"	2,6	2,4	2,3	2,3	2,5
Mindereinnahmen Sozialbeiträge	"	18,9	19,2	18,4	19,2	22,7
- Rentenversicherung (Saldo)	"	7,5	8,6	7,8	8,0	9,6
- Krankenversicherung (Saldo)	"	5,2	4,8	5,0	5,3	6,6
- Pflegeversicherung (Saldo)	"	0,7	0,8	0,7	0,7	0,8
- Bundesagentur für Arbeit	"	5,4	5,1	4,9	5,2	5,7
Bundesagentur für Arbeit	Mrd €	28,2	26,6	27,1	29,3	30,9
Bund	"	22,4	19,4	18,2	20,0	22,3
Länder	"	7,2	6,6	6,0	6,3	6,9
Gemeinden	"	6,4	6,0	5,6	5,4	5,5
Rentenversicherung	"	7,5	8,6	7,8	8,0	9,6
Krankenversicherung	"	5,2	4,8	5,0	5,3	6,6
Pflegeversicherung	"	0,7	0,8	0,7	0,7	0,8

1) Ohne Leistungsempfänger Alg bzw. Alhi nach § 428, 125, 126 SGB III

2) Einschl. Anschluss-Uhg und Egg-Empfänge

3) Einschl. Eghi-Empfänger

Nachrichtlich: Mehrausgaben und Mindereinnahmen für Leistungsempfänger nach § 428, 125, 126 SGB III :

Leistungsempfänger	Mio	0,29	0,30	0,33	0,41	0,49
Kosten	Mrd €	6,0	6,0	6,7	8,2	9,9

Quelle: http://www.doku.iab.de/presse/2004/info-KostenALO.pdf; IAB Berechnungen

Zudem ist in Anhang 12 die Verteilung der gesamtfiskalischen Kosten der Arbeitslosigkeit nach Kostenträgern und Kostenarten über die Jahre 1999 bis 2003 dargestellt.

In der Tabelle 1 bleibt die Stille Reserve außerhalb der Betrachtung, da sie dem Arbeitsmarkt nicht zur Verfügung steht und somit auch nicht statistisch erfasst wird. Die Kosten der Arbeitslosigkeit für Leistungsempfänger nach § 428, 125, 126 SGB III sind gesondert dargestellt. So haben z.B. Personen, „die das 58. Lebensjahr vollendet haben und die Regelvoraussetzungen des Anspruchs auf Arbeitslosengeld allein deshalb nicht erfüllen, weil sie nicht arbeitsbereit sind (...)"[79] auch Anspruch auf Arbeitslosengeld und Arbeitslosenhilfe. Wie der Tabelle 1 in der letzten Zeile zu entnehmen ist, sind die gesamtfiskalischen Kosten, die auf diese Personengruppe entfallen, zwischen 1999 und 2003 mit 6 Mrd. €; 6 Mrd. €; 6,7 Mrd. €; 8,2 Mrd. € und 9,9 Mrd. € kontinuierlich gestiegen.

Die Lohnersatzleistungen für registrierte Arbeitslose fallen unterschiedlich aus. Sie sind abhängig davon, ob die Leistungsempfänger Arbeitslosengeld (Alg), Arbeitslosenhilfe (Alhi) oder keine dieser Entgeltersatzleistungen erhalten. Damit wird eine differenzierte Kostenrechnung notwendig.[80]

Die in der Tabelle 1 dargestellten Ausgaben und Mindereinnahmen basieren auf einem Durchschnittseinkommen. Dieses Arbeitseinkommen hätten die Arbeitslosen in einem Arbeitsverhältnis verdienen können. Bezogen auf die Berechnung der Lohnersatzleistungen wie Arbeitslosengeld und Arbeitslosenhilfe, wird das Brutto-Entgelt aus der Vorbeschäftigungszeit zugrunde gelegt. Zudem werden die errechneten Monatsentgelte um mögliche zusätzliche Einkommen, z.B. das Urlaubsgeld, die bei der Leistungsbemessung nicht mit einbezogen wurden, erhöht.[81] Entsprechende gesetzliche Regelungen wurden bereits unter Abschnitt 3.1. erläutert.

Die Zeile 1 der Tabelle 1 gibt die Zahlen der registrierten Arbeitslosen in Deutschland zwischen den Jahren 1999 und 2003 an. Dieser Zeitabschnitt ist durch die konjunkturell relativ guten Jahre 1999 und 2000 sowie durch die Jahre der Wachstumsschwäche in 2001 bis 2003 geprägt. So kann die kurzfristig sinkende Zahl der registrierten Arbeitslosigkeit von 4,1 Mio. in 1999 auf 3,89 Mio. und 3,85 Mio. in den Jahren 2000 und 2001 und die darauf ansteigende Zahl von 4,06 Mio. und 4,38 Mio. Arbeitslosen in 2002 und 2003 unter anderen Faktoren auch auf die konjunkturell bedingte Arbeitslosigkeit zurückgeführt werden.

In den folgenden Zeilen 2 bis 5 sind die durchschnittlichen Kosten pro Arbeitslosen abgebildet. Hier werden die Kosten pro Alg-Empfänger, Alhi-Empfänger sowie Nicht-Leistungsempfänger unterschieden. Auffällig ist,

---

[79] SGB III §428

[80] vgl. Bach/Spitznagel (2003), S. 3

[81] Bach/Spitznagel (2003), S. 3

dass die Kosten pro Alg-Empfänger mit rund 22000 € und die der Alhi-Empfänger mit rund 18000 € pro Empfänger und Jahr zwischen 1999 und 2003 relativ konstant geblieben sind. Die gesamtfiskalischen Kosten der Nicht-Leistungsempfänger pro Kopf ist dagegen von 15000 € im Jahr 1999 auf 13900 € im Jahr 2003 gesunken. Somit kostete im Durchschnitt ein registrierter Arbeitsloser im Jahr 2003 rund 18900 €. Dies entspricht den Kosten pro Kopf aus dem Jahr 1999.

Werden die Leistungen für das Arbeitslosengeld und der dafür vorgesehenen Sozialversicherungsbeiträge zusammengefasst, so lässt sich der höchste Ausgabenposten der Bundesagentur für Arbeit berechnen. Die Ausgaben für das Arbeitslosengeld pro Jahr lagen für die Jahre 1999 bis 2003 bei 22,8 Mrd. €; 21,5 Mrd. €; 22,2 Mrd. €; 24,1 Mrd. € und 25,2 Mrd. €.[82] Im Vergleich zum Arbeitslosengeld lassen sich für die Arbeitslosenhilfe geringere Ausgaben ermitteln. Sie lagen 1999 bei 14,6 Mrd. €, gingen dann durch die geringere Arbeitslosigkeit bis 2001 auf 11,8 Mrd. € zurück und stiegen wieder auf 14,9 Mrd. € im Jahr 2003, bedingt durch die schwachen Jahre des Wachstums. Das folgende Schaubild verdeutlicht noch einmal das Geschilderte für das Jahr 2003:

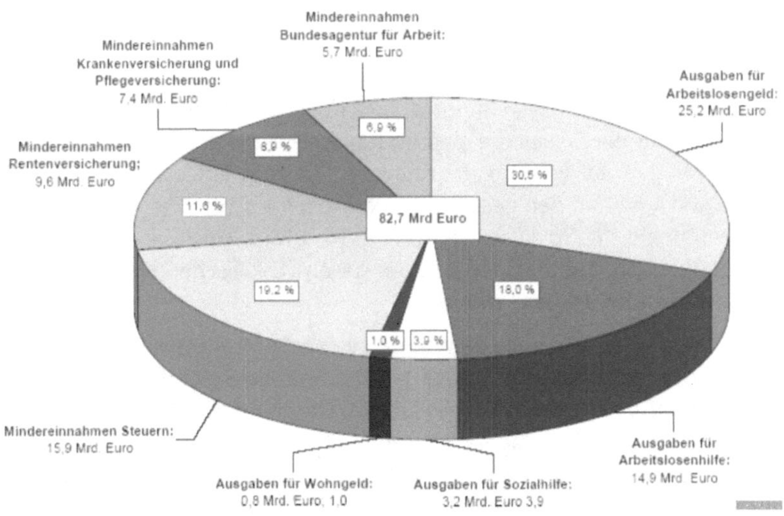

Abbildung 4: Gesamtfiskalische Kosten der Arbeitslosigkeit 2003

Siehe auch Tabelle 1 sowie Anhang 12

Quelle: http://www.Sozialpolitikaktuell.de/docs/4/ab/abbIV55.pdf ;(IAB Berechnungen)

---

[82] vgl. Tabelle 1

In dieser Abbildung sind in den Ausgaben für Arbeitslosengeld und Arbeitslosenhilfe bereits die Sozialversicherungsbeiträge enthalten. Die Abbildung wird auch in den folgenden Ausführungen von Bedeutung sein, da sie die Ausgaben und Mindereinnahmen aller öffentlichen Haushalte darstellt. Die jeweilige Prozentangabe ist der Anteil an den gesamtfiskalischen Kosten der Arbeitslosigkeit von 82,7 Mrd. € für das Jahr 2003. Mit zusammen 48,5 % bilden damit die Arbeitslosenhilfe und das Arbeitslosengeld den größten Kostenblock.

3.2.2 Ausgaben des Bundes, der Länder und Gemeinden

Die gesamtfiskalischen Kosten der Arbeitslosigkeit werden eine Belastung für das öffentliche Finanzsystem auf allen institutionellen und föderalen Ebenen. Hauptsächlich tragen der Bund und die BA diese Kosten.[83] Wie schon erwähnt wird der Bundeshaushalt mit den Ausgaben für die Arbeitslosenhilfe belastet. Zusätzlich trägt er die Ausgaben für das Wohngeld und teilt sich diese zu gleichen Teilen mit den Ländern.[84] Zu einem Wohngeld- und Sozialhilfeanspruch kommt es im Bedarfsfall durch Langzeitarbeitslosigkeit, bei der der Anspruch auf Arbeitslosenhilfe erlischt. Die Ausgaben für die Sozialhilfe werden den Gemeinden angelastet.

Die Sozialhilfe und das Wohngeld sind Kosten der Arbeitslosigkeit. Die Ausgaben für die Sozialhilfe sind kontinuierlich zwischen 1999 und 2003 von 4,1 Mrd. € auf 3,2 Mrd. € gesunken. Für 2003 entsprach dies einem Anteil von 3,9 % an den gesamten fiskalischen Kosten. Die Ausgaben für das Wohngeld sind in diesen Jahren mit rd. 1 Mrd. € pro Jahr relativ konstant geblieben. Sie machten 1 % der gesamtfiskalischen Kosten der Arbeitslosigkeit für das Jahr 2003 aus.[85]

Die BA bezog im Jahr 2003 Einnahmen von 47,3 Mrd. € aus Beiträgen der Arbeitslosenversicherung.[86] Jedes Jahr kommt ein Steuerfinanzierter Zuschuss des Bundes hinzu, dessen Höhe im Haushaltsplan der BA enthalten ist. Entwickelt sich die Lage am Arbeitsmarkt schlechter als von der Bundesregierung prognostiziert, so weicht der Ist-Zuschuss vom geplanten Zuschuss ab, da das Arbeitslosengeld und die Versicherungsleistungen

[83] vgl. Tabelle 1 & Abbildung 4
[84] vgl. Bach/Spitznagel (2003), S.5
[85] vgl. Tabelle 1 & Anhang 12 (Ziffernzeilen 18 &19) sowie Abbildung 4
[86] vgl. Anhang 13

nicht mehr allein durch die Beiträge abgedeckt werden können. Abbildung 5 macht die Entwicklung des Bundeszuschusses zwischen 1998 und 2003 deutlich:

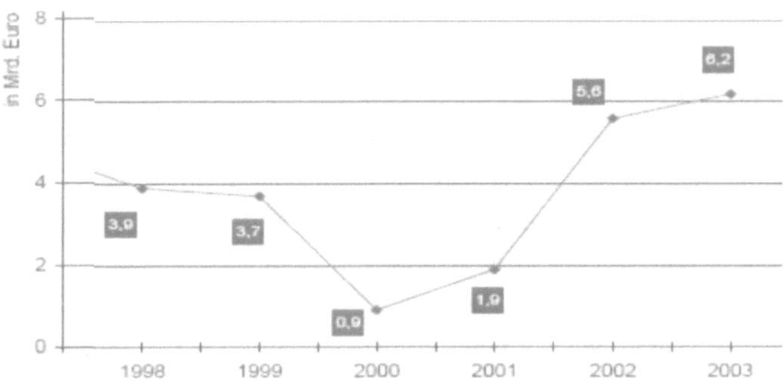

Abbildung 5: Zuschuss des Bundes zum Haushalt der Bundesagentur für Arbeit, 1998 bis 2003

Siehe auch Anhang 11 und 13

Quelle: Bundesagentur für Arbeit, Geschäftsbericht, verschiedene Jahrgänge, http://www.bpb.de/wissen/ZF10Z7,0,Zuschuss_des_Bundes_an_dieBundesagentur_f%FCr_Arbeit.html; Stand: 05.06.2005

Zum einen spiegelt sich in der Kurve die konjunkturell bedingte Arbeitslosigkeit wieder. Zum anderen ist auffällig, dass in den Wachstumsschwächejahren 2002 und 2003 die Zuschüsse auf 5,6 und 6,2 Mrd. € begrenzt wurden. Diese Begrenzung wurde durch Kürzungen bei den Leistungen der Arbeitslosen ermöglicht.[87]

3.3 Mindereinnahmen staatlicher Institutionen

Die gesamtfiskalischen Mindereinnahmen durch die Arbeitslosigkeit beziehen sich auf Einnahmeausfälle durch ein geringeres Steueraufkommen und niedrigere Sozialbeiträge. Alle jeweils zuständigen Kostenträger sind von diesen Mindereinnahmen betroffen. Mit 38,6 Mrd. € (46,6 %) sind die gesamtfiskalischen Mindereinnahmen für das Jahr 2003 etwas geringer als die gesamtfiskalischen Ausgaben mit 44,1 Mrd. € (53,4 %).[88]

---

[87] vgl. http://www.bpb.de/wissen/ZF1OZ7,0,0,Zuschuss_des_Bundes_an_die_Bundesagentur_f%FCr_Arbeit.html; Stand : 05.06.2005, [CD-ROM: Siehe „Bundeszentrale"]

[88] vgl. Abb. 4 und Tabelle 1 (Ziffernzeilen 20 & 23)

3.3.1 Steuerausfälle für den Staat

Zur Analyse des niedrigeren Steueraufkommens durch Unterbeschäftigung empfiehlt sich eine Unterscheidung in direktes sowie indirektes Steueraufkommen - wie in Tabelle 1 abgebildet. Als Vorgehensweise empfiehlt sich zunächst eine Schätzung der ausgefallenen Bruttojahreseinkommen durch Arbeitslosigkeit. Dabei werden das Bruttojahreseinkommen pro Arbeitslosen und die Zahl der registrierten Arbeitslosen berücksichtigt. Werden Durchschnittswerte für Bruttolohn- und Gehaltssumme ermittelt, ist zudem zu berücksichtigen, dass die Masse der Arbeitslosen eher unterdurchschnittlich verdient. Entsprechend muss der geschätzte Wert niedriger angesetzt werden.

Bezüglich der direkten Steuer führen die durch die Arbeitslosigkeit verursachten Ausfälle der Bruttoerwerbseinkommen zu einem niedrigeren Aufkommen bei der Einkommens- und Lohnsteuer. Würden alle Nichtbeschäftigten einer Erwerbsarbeit nachgehen, so würden den öffentlichen Haushalten pro Jahr zusätzlich 16 % eines Bruttojahreseinkommens zufließen.[89] Im Jahr 1999 nahm der Staat daher 13,7 Mrd. € weniger ein. Bis zum Jahr 2001 sanken zunächst die Verluste an Einkommenssteuern auf 11,1 Mrd. €. In den Jahren 2002 und 2003 stiegen die Mindereinnahmen wieder erheblich auf 11,9 Mrd. € und 13,4 Mrd. €. Die verringerten Einnahmen an direkter Steuer machten somit 16,2 % der gesamtfiskalischen Kosten der Arbeitslosigkeit im Jahr 2003 aus.[90]

Des Weiteren sind durch die Unterbeschäftigung auch die indirekten Steuereinnahmen betroffen. Hierzu zählen z.B. die Mineralöl- und Tabaksteuer. Wie bei der Ermittlung der Ausgaben dient auch hier das Durchschnittseinkommen als Basis für die Schätzung indirekter Steuern für die Arbeitslosen. Die geringeren Einnahmen der indirekten Steuern ergeben sich als Saldo aus den potentiellen Einnahmen (im Fall einer Beschäftigung) sowie den tatsächlichen Einnahmen aus den Zahlungen der BA (im Fall der Arbeitslosigkeit).[91] Im Vergleich zur direkten Steuer wird auch die indirekte Steuer gemindert, denn das Budget der durch Arbeitslosigkeit betroffenen Haushalte verringert sich. Dadurch sinkt auch der Konsum dieser Haushalte, wodurch der Staat weniger indirekte Steuern einnimmt. Hätten die Arbeitslosen eine Beschäftigung so würden die öffentlichen Haushalte jedes Jahr zusätzlich indirekte Steuern in Höhe von

---

89 Koller (1979), S.188

90 vgl. Tabelle 1 (Ziffernzeile 21) & Anhang 12 (Ziffernzeile 20)

91 vgl. Bach /Spitznagel (2003), S. 3

13 % des Jahresbruttoentgeltes einnehmen.[92] Im Fall der indirekten Steuern sanken in Deutschland die verringerten Einnahmen zwischen 1999 und 2002 zunächst von 2,6 Mrd. € auf 2,3 Mrd. €, um dann wieder auf 2,5 Mrd. € im Jahr 2003 anzusteigen. Dies entspricht einem Anteil von 3 % an den gesamtfiskalischen Kosten der Arbeitslosigkeit im Jahr 2003.[93]

Werden direkte und indirekte Steuernverluste zusammengefasst, so ergeben sich Mindereinnahmen von insgesamt 15,9 Mrd. €. Dies entspricht anteilig 19,2 % der gesamtfiskalischen Kosten der Arbeitslosigkeit im Jahr 2003.[94]

Da die Arbeitslosenhilfe über Steuern vom Bund finanziert wird, ist dieser durch die Steuerausfälle in besonderem Maß belastet. Betroffen sind auch die Länder und Gemeinden. Sie müssen „ihren Beteiligungsquoten am Aufkommen der Gemeinschaftssteuer entsprechend"[95] die Steuerverluste tragen.

3.3.2 Einnahmeverlust für die Sozialversicherungen

In der Bundesrepublik Deutschland ist vom Bruttoeinkommen ein bestimmter Prozentsatz für die gesetzliche Arbeitslosen-, Renten-, Kranken- sowie Pflegeversicherung abzuführen. Dabei teilt sich der Arbeitnehmer mit dem Arbeitgeber den zu entrichtenden Betrag jeweils zur Hälfte. Die folgende Tabelle veranschaulicht die Beitragssätze für die Jahre 1999 bis 2003:

Tabelle 2: Beitragssätze in der Sozialversicherung (Arbeitgeberanteile, Jahresdurchschnitt)

	Rentenversicherung Beitragssatz in %		Krankenversicherung Beitragssatz in %		Arbeitslosenversicherung Beitragssatz in %	Pflegeversicherung Beitragssatz in %
1999	10,2	10,15 *	6,75	6,95 *	3,25	0,85
2000	9,65		6,75	6,9 *	3,25	0,85
2001	9,55		6,75	6,9 *	3,25	0,85
2002	9,55		7,0		3,25	0,85
2003	9,75		7,15		3,25	0,85

Neue Bundesländer

Quelle: http://www.gesamtmetall.de/gesamtmetall/meonline.nsf/id/315A2744F9073BC7C1256BD0003B795C; Stand: 10.06.2005

---

92 vgl. Koller (1979), S.188

93 vgl. Tabelle 1 (Ziffernzeile 22) & Anhang 12 (Ziffernzeile 21)

94 vgl. Abbildung 4 & Tabelle 1 (Ziffernzeile 20)

95 Bach/Spitznagel (2003), S. 5

Der Verlust des Erwerbseinkommens infolge der Arbeitslosigkeit führt somit auch zu Verlusten bei den an das Bruttoeinkommen gekoppelten Sozialversicherungsbeiträgen. Erhält ein Arbeitsloser Arbeitslosengeld, so werden von der Bundesagentur für Arbeit auch Renten-, Kranken- sowie Pflegeversicherungsbeiträge abgeführt. Diese werden nach dem vorher verdienten Nettoeinkommen berechnet. Das bedeutet z.B. für Alg-Empfänger eine Bemessung an 80 % des Bruttoeinkommens.[96] Damit ergibt die Differenz der Beitragssätze für die jeweilige Sozialversicherung zwischen vorher verdienten Bruttoeinkommen und dem durch die BA ermittelten Nettoeinkommen, den Verlust an Einnahmen zur Sozialversicherung. Die Beiträge zur Arbeitslosenversicherung entfallen ganz und führen somit zusätzlich zu Mindereinnahmen bei der Bundesagentur für Arbeit. Analog werden auch die Sozialversicherungsbeiträge für Langzeitarbeitslose über die Arbeitslosenhilfe abgeführt, die vom Bund getragen wird. Für Arbeitslose ohne jeglichen Leistungsanspruch fließen den Sozialversicherungsträgern keine Beiträge zu, was die gesamtfiskalischen Kosten durch Unterbeschäftigung damit noch kräftig erhöht.

Auch hier dient Tabelle 1 sehr gut zur Darstellung der gesamtfiskalischen Kosten der Arbeitslosigkeit aufgrund von Mindereinnahmen bei den Sozialversicherungsträgern. Es wird wieder von einem durchschnittlichen Arbeitseinkommen ausgegangen, welches die Arbeitslosen verdienen könnten. Nach diesem Einkommen werden die potentiellen Sozialbeiträge berechnet. Die Mindereinnahmen der Sozialversicherungen werden als Saldo aus den tatsächlichen Einnahmen aus Zahlungen der BA und den möglichen Einnahmen während einer Erwerbstätigkeit abgebildet.[97] Damit ist die Rentenversicherung zwischen 1999 und 2002 mit rd. 8 Mrd. € pro Jahr am stärksten von den Ausfällen der Beiträge betroffen. Im Jahr 2003 stiegen die Mindereinnahmen bei der Rentenversicherung erheblich auf 9,6 Mrd. €. Wie in Abbildung 4 dargestellt entspricht dies einem Anteil von 11,6 % an den gesamtfiskalischen Kosten der Arbeitslosigkeit im Jahr 2003.[98] Die geringeren Einnahmen der Pflegeversicherung betrugen in den Jahren 1999 bis 2003 rd. 0,75 Mrd. €. Die Beiträge zur Krankenversicherung blieben zwischen 1999 und 2002 relativ konstant, sanken jedoch zum Jahr 2003 erheblich. Die Mindereinnahmen dieser Sozialversicherung stiegen damit von 5,3 Mrd. € im Jahr 2002 auf 6,6 Mrd. € im Jahr 2003. Der Rückgang der Beiträge zur Kranken- und Pflegeversicherung verursachte damit im Jahr 2003 entsprechend 8,9 % der gesamtfiskalischen Kosten

---

96 vgl. Bach/Spitznagel (2003), S.5

97 vgl. Bach/Spitznagel (2003), S.3

98 Siehe auch: Tabelle 1 (Ziffernzeile 24), Anhang 12 (Ziffernzeile 23)

der Arbeitslosigkeit.[99] Zudem führt die Zahlung der entsprechenden Beiträge zu den staatlichen Sozialversicherungen für die Arbeitslosen und das Ausbleiben von Beiträgen durch Arbeitslosigkeit zusätzlich zu Mindereinnahmen von Sozialbeiträgen bei der BA. Die Kosten sanken hier zunächst von 5,4 Mrd. € im Jahr 1999 auf 4,9 Mrd. € im Jahr 2001. In den darauf folgenden Jahren 2002 und 2003 stiegen die Mindereinnahmen wieder auf 5,2 Mrd. € und 5,7 Mrd. € an. Dies entspricht einem Anteil von 6,9 % an den gesamtfiskalischen Kosten der Unterbeschäftigung im Jahr 2003.[100]

3.4 Die Problematik der Kostensteigerung: Lösungsansätze

Durch die fortwährend steigende Sockelarbeitslosigkeit werden die öffentlichen Haushalte auf allen Ebenen durch steigende Ausgaben und verringerte Einnahmen erheblich belastet. Die dadurch entstehenden Hauhaltsdefizite und finanziellen Kürzungen bei öffentlichen Leistungen gefährden zudem das System der sozialen Markwirtschaft und der öffentlichen Finanzwirtschaft. Die nachstehende Abbildung 6 verdeutlicht abschließend die Verteilung der gesamtfiskalischen Kosten der Arbeitslosigkeit bis zum Jahr 2002 auf allen Haushaltsebenen. Insbesondere die Budgets der Bundesagentur für Arbeit und des Bundes sind mit insgesamt ca. 75 % Beteiligung an den gesamten Kosten verstärkt belastet. Der Kurvenverlauf ist nach den bereits dargestellten Zahlen für das Jahr 2003 auf allen Haushaltsebenen weiterhin steigend:

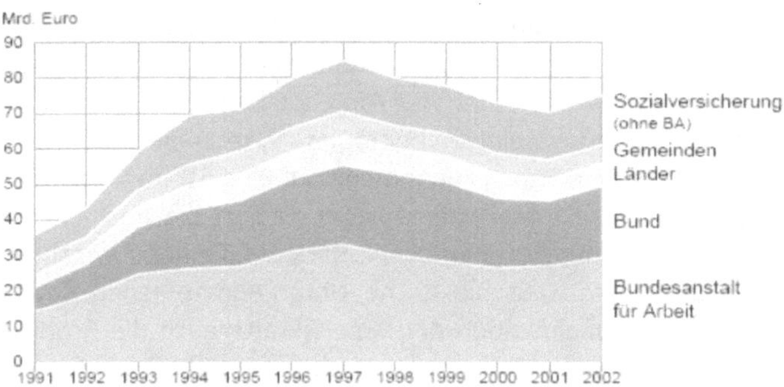

Abbildung 6: Entwicklung und Budgetinzidenz der gesamtfiskalischen Kosten der registrierten Arbeitslosigkeit 1991 bis 2002

Quelle: Bundesagentur für Arbeit, Berechnungen des IAB (Arbeitsbereich VI/2) & Bach/Spitznagel (2003), S.1

[99] Abbildung 4 , Tabelle 1 (Ziffernzeilen 25 & 26)

[100] vgl. Tabelle 1 (Ziffernzeile 27), Anhang 12 (Ziffernzeile 26) und Abbildung 4

Mit Blick auf die arbeitsmarktpolitischen Maßnahmen der Bundesagentur für Arbeit als Interventionsinstrument für den Staat ergeben sich zwei Arten von Haushaltsbelastungen durch die gesamtfiskalischen Kosten der Arbeitslosigkeit:[101] Eine Belastung resultiert aus der Arbeitslosigkeit, die durch Marktmechanismen im privaten Sektor entstehen. Diese Belastungen werden in Abschnitt 6 noch näher untersucht. Auf der anderen Seite handelt es sich um fiskalische Kosten, die durch die aktive Arbeitsförderung anfallen. Steigt die Arbeitslosigkeit an, so steigen auch die fiskalischen Belastungen durch die verstärkt zum Einsatz kommenden Beschäftigungsfördernden Maßnahmen des Staates. Eine defizitäre Politik kann (unter Vernachlässigung von zins- und geldmengenpolitischen Parametern) vermieden werden, wenn die Ausgaben für diese Maßnahmen solange erhöht werden, bis die Arbeitslosigkeit sinkt und in Folge dessen die Ausgaben für die Arbeitsmarktpolitik auch wieder reduzierter ausfallen. Eine entgegengesetzte Entwicklung setzt ein. Nehmen die Kosten der aktiven Arbeitsförderung zu, so führt dies auch zur Senkung der fiskalischen Kosten der Arbeitslosigkeit.[102] Denn können die geförderten Arbeitslosen durch arbeitsmarktpolitische Maßnahmen wieder in den ersten Arbeitsmarkt integriert werden, führt dies zur Einsparung von Lohnersatzleistungen und Mehreinnahmen von Steuern und Sozialbeiträgen. Der Erfolg dieser arbeitsmarktpolitischen Maßnahmen wird jedoch abgemildert, wenn Verdrängungs- und Mitnahmeeffekte mit einbezogen werden. Geht die aktive Arbeitsförderung zu Lasten anderer Beschäftigung auf dem ersten Arbeitsmarkt, steigert dies wiederum die Ausgaben und reduziert die Einnahmen der Kostenträger. Obwohl ABM und SAM nachweislich zur „Verbesserung der Angebotsbedingungen und zur Entstehung von Dauerarbeitsplätzen beitragen"[103], setzt die Arbeitsmarktpolitik der Jahre 2002 und 2003 zunehmend auf eine Strategie zur Senkung der Ausgaben für diese Maßnahmen und steigert die Ausgaben für die berufliche Weiterbildung, sicherlich mit Blick auf die hohe Anzahl von Arbeitslosen ohne Berufsabschluss. Die Unternehmer gehen davon aus, dass mit höherer Qualifikation der Arbeitskräfte auch die Produktivität dieser steigt. Auch aufgrund dessen werden den höher qualifizierten Arbeitssuchenden längerandauernde Arbeitsverträge angeboten. Die vom Staat geförderte berufliche Weiterbildung ist erfolgversprechend, da vor allem Langzeitarbeitslose unter der Minderung ihrer beruflichen Fähigkei-

---

[101] vgl. Rahmann (1987), S.43
[102] vgl. Rahmann (1987), S.44
[103] Bach et al (2003)., S. 6

ten leiden und eine „bessere Qualifizierung" vor allem "während der Beschäftigung auf dauerhaften Arbeitsplätzen erfolgt"[104]. Auch mit Blick auf den für die kommenden Jahrzehnte prognostizierten Fachkräftemangel in Deutschland kann die vom Staat geförderte berufliche Weiterbildung für Arbeitslose somit auch langfristig zur Senkung der Kosten der Arbeitslosigkeit beitragen.[105] Die Reform am Arbeitsmarkt durch Umsetzung der „Hartz-Gesetze" sieht auch eine Kürzung der Bezugsdauer von Arbeitslosengeld für die unter 55-Jährigen auf 12 Monate vor. Da das Arbeitslosengeld den größten fiskalischen Kostenblock darstellt, verspricht sich die Regierung Schröder weniger Ausgaben im Haushalt der BA. Mit Hilfe einer Variantenrechnung wurden die Auswirkungen auf den Haushalt der BA geschätzt.[106] Werden die geringere Anzahl an Arbeitslosengeldbeziehern und die durchschnittlich höheren Leistungen für Ältere mit einbezogen und wird auf eine intensivere Arbeitssuche und ein damit einhergehendes früheres Ausscheiden aus der Arbeitslosigkeit spekuliert, so ergeben sich langfristig Einsparungen von 5,5 bis 10 Mrd. €. Diese Variantenrechnung ist jedoch sehr kritisch zu beurteilen, denn durch den verstärkten Übergang von Arbeitslosengeldbezug in den Arbeitslosenhilfebezug fallen wiederum Mehrausgaben und verringerte Einnahmen im Bundeshaushalt an. Zudem fallen die Einsparungen durch die Vernetzung der Haushalte von Sozialversicherungen und Gebietskörperschaften mit rd. 1 bis 4,5 Mrd. € sehr viel niedriger aus.[107]

---

[104] Rahmann (1987), S.52
[105] vgl. Reinberg et al. (2003), S. 1
[106] vgl. Bach et al. (2003), S. 6
[107] vgl. ebenda

4 Die gesamtwirtschaftlichen Kosten der Unterbeschäftigung

Nachdem die in der Öffentlichkeit stärker beachteten fiskalischen Kosten der Arbeitslosigkeit analysiert wurden, werden im Folgenden die gesamtwirtschaftlichen Kosten der Unterbeschäftigung betrachtet. Sie beinhalten die gesamtfiskalischen Kosten des Staates und beziehen sich auf die gesamte bundesdeutsche Gesellschaft. Sie sind somit umfassender definiert. An dieser Stelle wird auch an die in Abschnitt 2 vorgenommenen begrifflichen Definitionen der volkswirtschaftlichen Kosten sowie der Opportunitätskosten der Arbeitslosigkeit angeknüpft.

4.1 Minderung der gesamtwirtschaftlichen Wertschöpfung

Die umfangreichste Weise der Messung der gesamten Leistung einer Volkswirtschaft erfolgt über das Bruttoinlandsprodukt. Es stellt den nominellen Wert aller im Inland produzierten Dienstleistungen und Endprodukte während eines Jahres dar. Wird die Differenz aus dem BIP bei Vollbeschäftigung der Produktionsfaktoren und dem BIP bei Unterbeschäftigung der Produktionsfaktoren berechnet (abzüglich der Investition in den Aufbau und die Erhaltung des Kapitalstocks), so ergibt sich das entgangene BIP bzw. der Wertschöpfungsverlust durch Arbeitslosigkeit. Der Wert dieses Outputverlustes stellt die rechnerische Größe für die gesamtwirtschaftlichen Kosten der Arbeitslosigkeit dar.[108] Wird das entgangene BIP in Beziehung zu den im Abschnitt 2 definierten Opportunitätskosten gesetzt, so lässt sich der Wertschöpfungsverlust der Unterbeschäftigung auch alternativ erklären. Danach entspricht der Outputverlust allen realen Erträgen, die ohne Unterbeschäftigung der Produktionsfaktoren hätten erzielt werden können.[109]

Im Folgenden soll es darum gehen, dem Leser die Problematik einer wissenschaftlich guten Schätzung des Wertschöpfungsverlustes in Folge der Arbeitslosigkeit zu vermitteln. Beim Vergleich der jeweiligen Outputwerte im Vollbeschäftigungsgleichgewicht und im Zustand der Unterbeschäftigung wäre das Wissen aller Produktivitäten, Löhne, Arbeitszeiten sowie der Preise und Mengen aller Produktionsfaktoren und Güter in den unterschiedlichen Branchen der Wirtschaft Voraussetzung. Insbesondere die Definition des Vollbeschäftigungsgleichgewichts lässt sich aufgrund methodischer Probleme nicht eindeutig finden und empirisch darstellen. Bei einer Schätzung von Produktionsfunktionen werden bspw. die Parameter

---

[108] vgl. Bach et al. (2003), S. 2
[109] vgl. Spitznagel et al. (2000), S. 502

dieser Funktionen mit Hilfe von Ist-Daten der Unterbeschäftigungsperioden geschätzt. Dies kann jedoch zu Verzerrungen der Parameter führen.[110]

Des Weiteren ergeben sich mehrere Probleme mit der Formel:

„Unterbeschäftigung x Produktivität der Nichtbeschäftigten = Wertschöpfungsverlust durch Unterbeschäftigung"[111].

Zum einen kann eine Verknappung der technischen Kapazität in einigen Bereichen mit zunehmender Beschäftigung auftreten.

Weiterhin tritt mit der zunehmenden Sockelarbeitslosigkeit eine unzureichende Struktur der Arbeitslosigkeit auf, was langfristig zu weniger Integration der Arbeitslosen in den ersten Arbeitsmarkt führt.

Die Unterbeschäftigung lässt sich in Teilgruppen untergliedern. Daher ist nicht davon auszugehen, dass die Personen dieser Segmente, wie z.B. die Stille Reserve in Maßnahmen oder registrierte Arbeitslose, auch gleich stark produktiv sind.

Auch die Quantifizierung des Sockels der friktionellen Arbeitslosigkeit ist schwierig. Im Vergleich zu früheren Vollbeschäftigungsjahren kann nicht angenommen werden, dass dieser absolut oder im Verhältnis zu Arbeitsmärkten ähnlichen Ausmaßes gegenwärtig gleich groß wäre. Es soll davon ausgegangen werden, dass der Sockel der friktionellen Arbeitslosigkeit heute höher ist.

Zu guter Letzt sei noch zu Bedenken, dass auf dem Weg zur Vollbeschäftigung zwar die Kosten der Unterbeschäftigung sinken, auf der anderen Seite jedoch auch Kosten verursacht werden. An dieser Stelle sei an die Phillipskurve erinnert, denn eine geringer werdende Arbeitslosigkeit kann bspw. eine gesteigerte Inflationsrate zur Folge haben.

Trotz der dargestellten Problematik der genauen Berechnung des Wertschöpfungsverlustes durch die Unterbeschäftigung wird im Folgenden eine Schätzung vorgenommen, um das Ausmaß der gesamtwirtschaftlichen Kosten zu verdeutlichen. Die Schätzung basiert auf Zahlen des IAB für die Jahre 1991 bis 2002. Die Größe der Unterbeschäftigung nahm demnach bis zum Jahr 2000 auf rd. 6,4 Mio. potenziell Erwerbstätige ab, um dann bis 2002 wieder auf rd. 6,7 Mio. potenziell Erwerbstätige anzusteigen.[112] Potenziell Erwerbstätige sind Personen, die als registrierte Ar-

---

[110] vgl. Spitznagel et al. (2000), S.502

[111] Bach et al. (2003), S.2

[112] vgl. Anhang 14 – Punkt 3 (Arbeitsplatzlücke im weiteren Sinne)

beitslose gelten, Personen der Stillen Reserve im engeren Sinn sowie Personen, die sich in Maßnahmen der Arbeitsmarktpolitik befinden. Des Weiteren basiert die Schätzung des Outputverlustes auf folgenden Annahmen.[113]

Zunächst wird davon ausgegangen, dass im Vollbeschäftigungsgleichgewicht genügend Sachkapitalstock vorhanden wäre.

Um der Problematik der unterschiedlichen Produktivität der einzelnen Segmente der Unterbeschäftigung Rechnung zu tragen, wird unterstellt, dass die potenziell erzielbaren Einkommen, von dem verdienten Arbeitsentgelt des letzten Beschäftigungsverhältnisses abhängen. Damit soll die Produktivitätsstruktur der Struktur der potenziell erzielbaren Einkommen entsprechen. Somit lässt sich ein Unterschied in der Arbeitsproduktivität zwischen Beschäftigten und Nicht-Beschäftigten abschätzen. In Deutschland liegt die Produktivität der Nicht-Beschäftigten um rd. 18 % unter dem gesamtwirtschaftlichen Durchschnitt.[114]

Des Weiteren wird ein Sockel der strukturellen und friktionellen Arbeitslosigkeit unter Vollbeschäftigungsbedingungen für jedes Jahr mit 1,5 % des Potentials an Erwerbspersonen unterstellt.[115] Diese Prozentangabe basiert darauf, dass der Umfang der Friktionen von der gesamtwirtschaftlichen Fluktuation des Personals abhängt. Die Personalfluktuation verändert sich entsprechend mit der Höhe der Beschäftigung. Entsprechend der Zahlen aus Anhang 14 lässt sich für das Jahr 2000 ein Bestand von rd. 673.000 Unterbeschäftigten und für das Jahr 2002 von rd. 679.000 Arbeitslosen abschätzen.[116] Diese Anzahl von Unterbeschäftigten kann im Vollbeschäftigungsniveau in Folge der Fluktuation nur schwer vermieden werden. Mittelfristig ergibt sich dem entsprechend für die Jahre 2000 und 2002 ein aktivierbares Potential von rd. 6 Mio. Erwerbspersonen. Darin nicht enthalten sind geförderte Personen in Beschäftigungsschaffenden Maßnahmen, da sie an der Schaffung der gesamtwirtschaftlichen Wertschöpfung mit beteiligt sind.

---

113 vgl. Bach et al. (2003), S.2

114 vgl. Spitznagel et al. (2000), S.502

115 vgl. Spitznagel et al. (2000), S.502 & vgl. Anhang 14 (Erwerbspersonenpotential)

116 Berechnung: 0,015 x 44.861 Mio. (2000) & 0,015 x 45.250 Mio. (2002)

Die folgende Abbildung 7 veranschaulicht den Wertschöpfungsverlust durch Unterbeschäftigung in Deutschland von 1991 bis 2002:

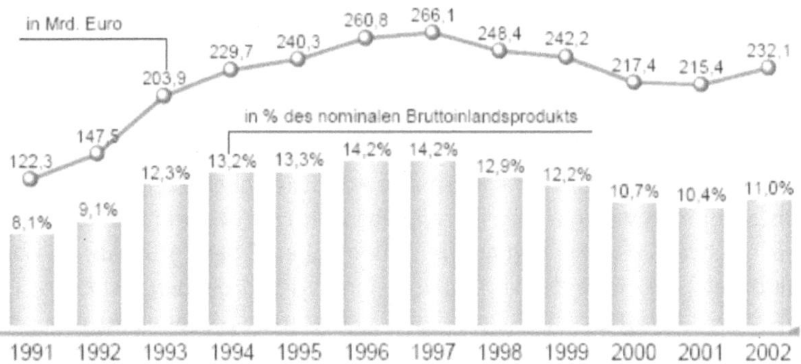

Abbildung 7: Verlust an Output durch die Unterbeschäftigung in Deutschland 1991 bis 2002

Quelle: Bach et al. (2003), S.3, Abb.2; Berechnungen des IAB (Arbeitsbereich VI/2)

Von 1991 bis 1997 nahm das verlorene Produktionsvolumen danach um rd. 144 Mrd. € auf 266,1 Mrd. € stark zu. So ist ein großer Anteil dieser Entwicklung auf den strukturellen Wandel in den Neuen Bundesländern zurückzuführen. Der Aufbau eines wettbewerbsfähigen Kapitalstocks und die überdurchschnittliche Förderung der Qualifikation des Erwerbspersonenpotentials in diesem Teil Deutschlands sind bis heute nicht abgeschlossen. Der Rückgang des „Outputgap" bis 2000 und der darauf folgende erneute Anstieg auf 232,1 Mrd. € im Jahr 2002 ist zum größten Teil auf die konjunkturelle Entwicklung in Deutschland und die damit einhergehende Entwicklung des Bruttoinlandsproduktes zurückzuführen.[117] Nach der Untersuchung der gesamtfiskalischen Kosten und der Entwicklung des BIP ist davon auszugehen, dass der Wertschöpfungsverlust auch für das Jahr 2003 zunimmt. Die Produktionslücke durch Unterbeschäftigung und die damit einhergehenden materiellen Verluste an gesellschaftlicher Wohlfahrt in Form von Gütern und Dienstleistungen sind erheblich. Für Gesamtdeutschland gehen 1997 ca. 14,2 % und 2002 ca. 11 % des Bruttoinlandsproduktes (in jeweiligen Preisen) verloren. Für die neuen Bundesländer bedeutet das einen Verlust von rd. 65 Mrd. € (26 %) und für die alten Bundesländer von rd. 165 Mrd. € (9 %).[118] Die Darstellung der

[117] vgl. Anhang 15

[118] vgl. Bach et al. (2003), S.2 f.

vorstehenden finanziellen Einbußen ermöglicht es, die Dimension der Auswirkung der Arbeitslosigkeit und das, was unter Vollbeschäftigungsbedingungen hätte produziert werden können, zu erfassen.

4.2 Die gesellschaftlichen Kosten der Arbeitslosigkeit

Nur einige der sozialpolitischen Argumente gegen Arbeitslosigkeit werden im Folgenden angerissen, auch weil die wissenschaftliche Forschung auf diesem Gebiet nur wenige Ergebnisse anbieten kann.

Die volkswirtschaftlichen Kosten der Arbeitslosigkeit steigen, wenn die Unternehmen weniger investieren, was wiederum zu weniger Beschäftigung führt. Auswirkungen auf den öffentlichen Finanzierungsbedarf und damit auf die Höhe der verfügbaren Einkommen bleiben nicht aus. Die geringere Investitionstätigkeit der Unternehmen ist somit auch auf die Zurückhaltung beim Konsum der von Arbeitslosigkeit betroffenen Haushalte zurückzuführen. Ein Kreislauf, den der Staat in seiner Not zumeist nur noch mit Unternehmenssteuersenkungen oder Subventionszuschüssen begegnen kann. Problematisch sind die daraus erzeugten Haushaltsdefizite, die die Regierungen der vergangenen Jahrzehnte immer wieder durch Kürzungen bei den Budgets für öffentliche, soziale und kulturelle Institutionen auszugleichen versuchten. Eine Gefahr für das System der sozialen Sicherung sowie der sozialen Gerechtigkeit in der Gesellschaft, was somit auch in einer Zunahme der gesellschaftlichen Kosten der Arbeitslosigkeit resultiert. Ein Ansteigen des Radikalismus in der Bevölkerung eines Landes aufgrund von steigender Arbeitslosigkeit konnte bisher schwer nachgewiesen werden. Jedoch ist klar, dass zunehmende Unterbeschäftigung auch „verlorenen Boden im Kampf gegen die Armut bedeutet"[119], denn die Mehrzahl der Menschen in Deutschland hat kein nennenswertes Vermögen. Wird die eigene Arbeitskraft nicht mehr nachgefragt, so fehlt das Arbeitseinkommen und die Betroffenen sind der potentiellen Armut ausgesetzt.[120]

Die stetig steigenden Ausgaben und geringeren Einnahmen durch steigende Arbeitslosigkeit, wie in Abschnitt 3 erläutert, lassen immer größer werdende Finanzierungslöcher entstehen. Dies führt wiederum zur Gefährdung der Konsolidierung der öffentlichen Haushalte und wird damit zu einem Risiko für das im vergangenen Jahrhundert mühsam erkämpfte Netz der sozialen Sicherung in Deutschland. Ein Ausbau des Sozialnetzes und Reformen der Einkommensverteilung zur Förderung der Solidarge-

---

[119] Koller (1979), S. 190
[120] vgl. Corneo (2003), S. 201

meinschaft werden damit gänzlich unmöglich. Diese Gefahr verursacht damit weit aus mehr Schaden für die Gesellschaft als die immer wieder von den konservativen Medien zur Schau gestellten Arbeitslosen, die gerne das Netz der sozialen Sicherheit als eine Art Hängematte benutzen. Beide Gruppen potenzieren mit ihrem Verhalten zusätzlich das Risiko für die soziale Sicherung.

Des Weiteren konnten die Wissenschaftler Fleisher und Steinhilper in ihren Studien beweisen, dass die Jugendkriminalität mit der Jugendarbeitslosigkeit positiv korreliert.[121] So könnte die Senkung der Jugendarbeitslosigkeit gleichzeitig zukünftig mögliche Kosten des Strafvollzugs und der darauf folgenden Resozialisierung verhindern. Die Gesellschaft hat somit ein eigenes Interesse daran, den „Teufelskreis" aus Arbeitslosigkeit und Kriminalität zu durchbrechen.

4.3 Volkswirtschaftlicher Schaden – Die Opportunitätskosten der Unterbeschäftigung

Nachdem unter Abschnitt 2 die Opportunitätskosten der Arbeitslosigkeit definiert wurden, wird es nun darum gehen, Wege der Ermittlung dieser Kosten zu finden bzw. diese abzuschätzen.

Den Opportunitätskosten entsprechen die rechnerischen Gesamtkosten der Unterbeschäftigung. Sie fallen nur an, wenn Arbeitslose beschäftigt wären. Zur Ermittlung der Opportunitätskosten wird somit unterstellt, dass alle Arbeitslosen erwerbstätig sind. So könnte bspw. angenommen werden, dass die arbeitslose Person weiterhin in ihrem vorherigen Arbeitsverhältnis tätig ist. Genausogut könnte ein durchschnittliches Erwerbseinkommen für die Gruppe der potenziell Erwerbstätigen unterstellt werden. Je nachdem, aus welchem Blickwinkel die Opportunitätskosten betrachtet werden und welche Annahmen vorausgehen, können sie recht verschieden ausfallen.

Dennoch ist es sehr nützlich, sich das Ausmaß der Kosten vor Augen zu halten. Nur so kann die Dringlichkeit des Problems der steigenden Unterbeschäftigung und deren negative Wirkungen in das Bewusstsein der Öffentlichkeit gerückt werden. So könnte hier bspw. nach Alternativen arbeitsmarktpolitischer Maßnahmen gefragt werden. Dabei werden die Er-

---

[121] vgl. Koller (1979), S. 190 sowie darin: Fleisher, B.M., The Effects of Unemployment on Juvenile Delinquency, in: Journal of Political Economy, 1963, S. 543ff. und Steinhilper,G., Arbeitslosigkeit und Kriminalität, in: Kriminalistik, September 1976, S. 358ff.

träge ermittelt, die durch Beschäftigung der potenziell Erwerbsfähigen produziert werden könnten. Diese werden dann den fiskalischen Kosten der Beschäftigungspolitik zur Erreichung der Vollbeschäftigung gegenübergestellt. Dieses Vorgehen ist realitätsnäher und schwächt den fiktiven Charakter der Opportunitätskosten.

Bei der Schätzung der Opportunitätskosten ist es sinnvoll, von folgenden Einschränkungen auszugehen:[122] Eine über lange Jahre andauernde Unterbeschäftigung wirkt sich negativ auf das Produktivitätswachstum in einer Volkswirtschaft aus. Es ist somit von einer leichten Senkung des Produktivitätswachstums auszugehen. Zudem nimmt die Investitionstätigkeit der Unternehmen aufgrund nicht ausgelasteter Kapazitäten und schlechter Erwartungen durch Unterbeschäftigung langfristig ab und hemmt damit wiederum den technischen Fortschritt. Wie schon bei der Analyse des Wertschöpfungsverlustes in Abschnitt 3.1 soll auch hier auf die Entwicklung einer ungünstigen Struktur der Arbeitslosigkeit und die über die Jahrzehnte stattfindende Vergrößerung des Sockels der friktionellen und strukturellen Arbeitslosigkeit hingewiesen werden. Weiterhin stellt sich die Frage, ob die Ausstattung an Kapital in der Volkswirtschaft ausreichend zur Verfügung steht, um eine angenommene Erwerbstätigkeit der Arbeitslosen unter Vollbeschäftigungsbedingungen zu ermöglichen.

Es gibt verschiedene Möglichkeiten, die Opportunitätskosten der Arbeitslosigkeit zu berechnen. Einerseits können die Einbußen bei privaten Haushalten (Verlust an privatem Einkommen, privatem Verbrauch und entgangener Bruttolohn- und Gehaltssumme), bei Unternehmen (entgangenes Bruttoeinkommen aus Unternehmertätigkeit und Vermögen) und Mindereinnahmen von Steuern und Sozialbeiträgen der staatlichen Institutionen in Geldeinheiten dargestellt werden.[123]

Alternativ soll jedoch an die Berechnungen des Wertschöpfungsverlustes in Abschnitt 3.1 angeknüpft werden. Danach wird zunächst vom Durchschnitt des Bruttoinlandsproduktes ausgegangen und je potenziellen Erwerbstätigen berechnet.[124] In diesem Beispiel werden die registrierten Arbeitslosen, die Stille Reserve (im engeren Sinne) sowie die Arbeitslosen in Maßnahmen der Arbeitsmarktpolitik zur Gruppe der potenziellen Erwerbstätigen zusammengefasst. Der Beitrag zum Bruttoinlandsprodukt

---

[122] vgl. Koller (1979), S. 187

[123] vgl. Koller (1979), S. 187

[124] vgl. Zimmermann (1988), S. 161 f. (eigene aktualisierte Berechnungen in Anlehnung an Zimmermann)

kann als Arbeitsproduktivität pro Erwerbstätigen bezeichnet werden. Die Tabelle 3 verdeutlicht das Geschilderte für die Jahre 1997 bis 2002:

Tabelle 3: Berechnung der Arbeitsproduktivität je Erwerbstätigen 1997 bis 2002

Jahr	Bruttoinlandsprodukt in jeweiligen Preisen in Mio. €	Erwerbstätige im Jahresdurchschnitt in 1.000	Arbeitsproduktivität in € je Erwerbstätigen
1997	1.871.600	37.208	50.300
1998	1.929.400	37.616	51.301
1999	1.978.600	38.077	51.963
2000	2.030.000	38.752	52.484
2001	2.074.000	38.917	52.162
2002	2.107.300	38.688	54.469

***Berechnungen**: Arbeitsproduktivität pro Jahr = Spalte 2 pro Jahr / Spalte 3 pro Jahr*

***Querverweis**: Anhang 14 (Erwerbstätige); Anhang 16 (BIP in jeweiligen Preisen)*

In diesem Zusammenhang wird noch einmal darauf hingewiesen, dass die Arbeitsproduktivität je Arbeitslosem unterschiedlich ist. Zur Vereinfachung werden in diesem Beispiel jedoch Durchschnittswerte verwendet. Mit der Anzahl der potenziellen Erwerbstätigen und dessen potenziellen Produktionsbeitrag kann nun die Frage beantwortet werden, wie viel Output die Arbeitslosen hätten schaffen können, wären sie erwerbstätig. Abschließend können somit die Opportunitätskosten der Arbeitslosigkeit errechnet werden:

Tabelle 4: Opportunitätskosten der Arbeitslosigkeit 1997 bis 2002

Jahr	Potentielle Erwerbstätige in 1.000	Potentieller Beitrag zum Bruttoinlandsprodukt pro Jahr in €	Opportunitätskosten in Mrd. €
1997	7.434	50.300	373,93
1998	7.155	51.301	367,05
1999	6.915	51.963	359,32
2000	6.355	52.484	333,53
2001	6.431	52.162	335,45
2002	6.733	54.469	366,74

***Berechnungen**: Potentielle Erwerbstätige pro Jahr multipliziert mit dem Beitrag zum BIP pro Jahr = Opportunitätskosten pro Jahr*

***Querverweis**: Anhang 14 (Arbeitsplatzlücke – Punkt 3) & Tabelle 3 (Arbeitsproduktivität je Erwerbstätigen)*

Die Abnahme und die Zunahme der Opportunitätskosten resultiert auch aus dem jeweiligen konjunkturellem Verlauf über diese 6 Jahre (1997, 2002 – Konjunkturschwach; 2000 – Konjunkturstark).

Neben diesen monetären Werten fallen auch die monetär schwer darstellbaren psychosozialen und gesundheitlichen Kosten der Arbeitslosigkeit unter die Kategorie der Opportunitätskosten. Sie befinden sich oft außerhalb des öffentlichen Blickfelds und werden daher im weiteren Verlauf dieser Arbeit näher analysiert.

5 Psychosoziale Kosten der Arbeitslosigkeit

Der Ansatz zur begrifflichen Definition der psychosozialen Kosten der Arbeitslosigkeit unter Punkt 2.2.2 wird hier wieder aufgegriffen. Die Frage, in welchem Ausmaß die Arbeitslosigkeit zur psychosozialen und damit zur gesundheitlichen Belastung für den Arbeitslosen wird und zu Verlusten für die Gesellschaft führt, soll in diesem Abschnitt beantwortet werden.

5.1 Die latente Bedeutung von Erwerbstätigkeit

Im Vergleich zu den fiskalischen Kosten sind die psychosozialen Kosten der Arbeitslosigkeit schwer ermittelbar. Dies beruht darauf, dass neben den finanziellen Folgen durch Arbeitslosigkeit, noch eine Fülle psychosozialer Konsequenzen hinzukommen, die nur schwer monetär bewertet werden können. Diese negativen Auswirkungen sind wiederum vom unterschiedlichen Verhalten des einzelnen und seinem gesellschaftlichen Umfeld beeinflusst. Das individuelle Verhalten hängt davon ab, welche Bedeutung der Erwerbstätigkeit in der Gesellschaft beigemessen wird. So sind „Arbeit und Beruf (...) in unserer westlichen Gesellschaft von elementarer Bedeutung für die individuelle und soziale Identität"[125]. Menschen arbeiten nicht nur, um grundlegende und materielle Bedürfnisse zu befriedigen. Sie arbeiten auch, um in ihrem Beruf Leistung zu zeigen, Erfahrungen bzgl. der eigenen Kompetenz zu sammeln und dadurch sozial anerkannt zu werden. Damit hat die Erwerbstätigkeit des Menschen einen großen Einfluss auf sein Selbstwertgefühl. Aber auch der soziale Kontakt zu Menschen außerhalb der Familie sowie ein regelmäßig geplanter Tagesablauf mit berufsbezogenen Zielen verleihen der Arbeit einen Sinn.[126] Ist der Mensch im Beruf erfolgreich und mit der eigenen Leistung zufrieden, kann dies entscheidend zur Selbstverwirklichung beitragen.

Dementsprechend verursachen der Verlust der Arbeit und die sich anschließende Erfahrung der Erwerbslosigkeit auch psychosoziale Belastungen für den Menschen. So konnten bereits in den 30er Jahren durch die soziologische und psychologische Forschung, in deren Zentrum die so genannte „Jahoda-These"[127] steht, fünf latente Funktionen der Beschäfti-

[125] Prof. Dr. Frey in Jahoda (1995), S. VI

[126] vgl. Brandt in Jahoda (1995), S. 9

[127] These: „Wegen dem Verlust der Strukturierung des Tagesablaufs durch die Arbeit können die Arbeitslosen die Zeit nicht nutzen" (http://www.soz.unibe.ch/studium/ws0405/downloads/prosem_mueller_handout_2004_11_10_Marienthal.pdf; Stand: 20.06.2005; [CD ROM] Siehe „Jahoda-These")

gung ermittelt werden.[128] Dem folgend hat eine arbeitslose Person nicht nur finanzielle Einbußen zu verkraften. Die Erfahrung während der Arbeitslosigkeit, zuviel Zeit zu haben, wird zu einem Problem. Zudem werden die Beziehungen zu Bekannten und Freunden belastet, es erfolgt keine Teilnahme an gemeinsamen Zielen, der Erwerbslose hat keinen anerkannten Status mehr und ein täglicher Arbeitsrhythmus entfällt ganz. „Erwerbslose fühlen sich in allen fünf Aspekten psychisch verarmt"[129]. Die Arbeitslosigkeit zerstört somit die Basis der Lebensführung. Zudem konnte nachgewiesen werden, dass Arbeitslose im Vergleich zur Gruppe der Erwerbstätigen unter einem verringerten Selbstwertgefühl leiden.[130] Auch nach einer Wiedereinstellung leiden die Betroffenen darunter.

Kurz angemerkt sei hier auch die Tatsache, dass die Erwerbstätigkeit selbst auch Belastung bedeutet. Vor allem psychische Belastungen, die bspw. aus „Mobbing" entstehen, nehmen gegenwärtig zu. Die Arbeitslosigkeit durch Selbstkündigung kann für den Betroffenen kurzfristig entlastend wirken. Somit sollte in diesem Zusammenhang auch dem Wandel der Bedeutung der Arbeit in unserer arbeitsteiligen Gesellschaft Aufmerksamkeit geschenkt werden.[131]

5.2 Die psychischen und sozialen Belastungen

Aus der erwähnten psychischen wie sozialen „Verarmung" wird eine Last, die oft „noch stärker empfunden"[132] wird, als die aus der Arbeitslosigkeit resultierende finanzielle Belastung. Je nach vorherigem Berufsstatus und Lebensumstand während der Arbeitslosigkeit können die psychischen wie sozialen Belastungen für den Arbeitslosen unterschiedlich hoch sein. So kann sich bei lang andauernder Arbeitslosigkeit bzw. durch Misserfolg bei Bewerbungen die Einstellung gegenüber der Arbeit und der Arbeitslosigkeit erheblich verändern.[133] Besonders pessimistische Einstellungen des Arbeitslosen können sich entsprechend negativ auf das soziale Umfeld, z.B. durch gesteigerte Streitlust auswirken. Die gestörte Berufsrolle führt also zu einer Belastung der sozialen Kontakte. Zudem bewirken die fehlenden beruflichen Beziehungen ein Gefühl der Isolation und des geringen Ansehens beim Arbeitslosen. Entsteht aus dieser zunehmenden Verunsi-

---

128 vgl. Behle (2001), S. 462 & Jahoda / Lazarsfeld / Zeisel, S.64 ff.

129 Jahoda (1995), S. 70

130 vgl. Prof. Dr. Frey in Jahoda (1995), S. VIII

131 vgl. Brinkmann (1984), S. 461

132 vgl. Brinkmann (1984), S. 461

133 vgl. Brinkmann (1981), S. 75 f.

cherung des Selbstvertrauens eine Vertrauenskrise, kann das das soziale wie politische Weltbild des Betroffenen grundlegend beeinflussen und in die „Radikalisierung" führen.[134]

Dieser Gedankengang ist ebenso auf gesellschaftlicher Ebene von Bedeutung, denn viele Prognosen lassen zukünftige Probleme erkennen. Die gegenwärtige Entwicklung mit steigender strukturell bedingter Massenarbeitslosigkeit aber auch die zunehmende Überalterung der deutschen Bevölkerung sowie die wachsende industrielle Produktivität aufgrund der fortschreitenden Internationalisierung führt auch zu einem Anstieg der psychischen und sozialen Belastungen für den Menschen. Möglicherweise werden besonders arbeitslose Personen an der Funktion des demokratischen Systems zweifeln und sich radikalen Gruppen anschließen. Instabilitäten der demokratischen Institutionen aufgrund psychosozialer Belastungen durch Arbeitslosigkeit können die Folge sein. Besonders jugendliche Arbeitslose fühlen sich oft verstärkt hilflos, desorientiert und zukunftslos und sind daher auch anfälliger für Radikalismus und Kriminalität.[135]

Ausgehend von den wachsenden psychisch unangenehmen Belastungen und Erfahrungen während der Arbeitslosigkeit beeinflussen so genannte „moderierende Faktoren" (psychologischen Variablen) die individuelle Verarbeitung der Arbeitslosigkeit. Peter Warr unterscheidet dabei unter anderen Faktoren zwischen Alter, Geschlecht bzw. Familienrolle der Arbeitslosen, Dauer der Arbeitslosigkeit sowie Berufsorientierung.[136] Diese Faktoren werden im weiteren Verlauf näher analysiert.

5.3 Die psychosozialen Kosten

5.3.1 Empirische Untersuchungen der Arbeitslosigkeitsforschung

Mit dem Aufkommen der Massen- sowie Langzeitarbeitslosigkeit zur Zeit der Weltwirtschaftskrise um 1930 sowie in den 70er Jahren in der Bundesrepublik Deutschland, stieg auch das Forschungsinteresse an der Ermittlung psychosozialer Kosten in Folge der Arbeitslosigkeit. Eine Vielzahl von empirischen Untersuchungen wurde größtenteils in diesen Jahren durchgeführt. Aufgrund der anhaltend hohen Massenarbeitslosigkeit blieb das Interesse an dieser Thematik, insbesondere im Zusammenhang mit der Jugendarbeitslosigkeit, bis heute erhalten.

---

[134] vgl. Brinkmann (1981), S. 77

[135] vgl. Behle (2001), S. 463

[136] vgl. Brinkmann (1984), S. 461, zit. nach Peter Warr

Bei einem Vergleich der klassischen sozialwissenschaftlichen und auch psychologischen Studien aus den 20er und 30er Jahren mit den neueren Erhebungen aus der Nachkriegszeit wird klar, dass sich das Bild der Arbeitslosigkeit nicht wesentlich verändert hat.[137] Denn aufgrund der Zahlung von finanziellen Leistungen an Arbeitslose durch die BA und den Bund, kann nicht davon gesprochen werden, dass die „psychosozialen Verelendungserscheinungen"[138] ganz verschwunden sind. Ali Wacker stellt 1981 fest, dass „Im Umkreis der Arbeitslosigkeit (...) immer noch Phänomene wie Krankheit, Nichtsesshaftigkeit, Kriminalität, Suizidgefährdung und Störungen der psychischen Gesundheit zu beobachten"[139] sind. Besonders für die Zeit nach der Wiedervereinigung kann dies empirisch nachgewiesen werden.

Die 1933 zum ersten Mal veröffentlichte Marienthal-Studie „gehört (...) zu den unverwüstlichen Klassikern sozialwissenschaftlicher Forschung"[140]. Die Untersuchung hatte zum Ziel, die psychologische Situation in dem österreichischen Arbeitslosen-Dorf Marienthal darzustellen. Bis auf die wenigen Einzelhändler gab es in Marienthal nur eine Fabrik mit diversen Zulieferern, in der so gut wie alle Erwerbstätigen angestellt waren. Im Februar 1930 wurde die Fabrik endgültig stillgelegt. Daraufhin musste in rund 80 % der insgesamt 478 Haushalte in Marienthal Arbeitslosenunterstützung beantragt werden. In 93 Haushalten war mindestens ein Mitglied in Marienthal, in Orten der Umgebung oder in Wien erwerbstätig. An 18 weitere Haushalte wurden Pensionszahlungen ausgezahlt.[141]

Die Forscher hatten sich zur Aufgabe gemacht, umfassende Materialien zur Problematik der Arbeitslosigkeit in dem Industriedorf zu sammeln und den Versuch zu starten, einen sozialpsychologischen Tatbestand objektiv abzubilden.[142] So wurde im Herbst 1932 begonnen, Erhebungsarbeiten durchzuführen. Über 120 Tage wurde das Leben in dem Dorf von den Forschern beobachtet. In dieser Zeit wurden unter anderem Kriminalstatistiken, Daten zur Bevölkerungsbewegung sowie Wahl- und Bibliothekstatistiken gesichtet. Zudem wurden bestimmte Personengruppen zu Lebensumständen, Gewohnheiten und Biographien mit Hilfe von Fragebögen befragt. Auch Messungen zu Gehgeschwindigkeiten der Menschen auf der Strasse wurden durchgeführt und Gespräche an öffentli-

---

137 vgl. Wacker (1981), S. 33 f.

138 ebenda

139 Wacker (1981), S. 33

140 Agis Texte (1992) (o.V.), S. 4

141 vgl. Jahoda et al.(1975), S. 38 f.

142 vgl. Jahoda et al.(1975), S. 9

chen Stellen registriert. Durch diesen umfassenden Materialbestand konnte „die Verflechtung historischer, politischer, wirtschaftlicher, psychologischer und anderer Faktoren im Kontext der angetroffenen Situation sichtbar“[143] gemacht werden. So stellten die Forscher fest, dass weniger Menschen sich aus der Bibliothek Bücher ausliehen. Es stellte sich ein politisches Desinteresse ein. Die Mitgliederzahl in den Vereinen ging kräftig zurück. Kinder und Jugendliche litten verstärkt unter Angst vor der Zukunft. Resignation breitete sich in dem Dorf aus.[144]

Ein Ergebnis der Marienthal-Studie ist ein typologischer Ansatz, der vier „Haltungsgruppen“ unterscheidet. Zum einen existieren „die Erwerbslosen, deren Moral ungebrochen war“ („Ungebrochene“). Weiterhin werden „Resignierte“, „Verzweifelte“ und „Apathische“ Erwerbslose unterschieden.[145] Bei allen Gruppen konnte festgestellt werden, dass sie in einem statistischen Zusammenhang mit der Höhe der Arbeitslosenunterstützung standen. Wird ein hypothetischer Fall angenommen, in dem die „Ungebrochenen“ Unterstützungszahlungen von 100 Geldeinheiten erhielten, so würden die „Resignierten“ wegen ihrer psychischen Verfassung 88 Geldeinheiten, die „Verzweifelten“ 74 Geldeinheiten und die „Apathischen“ 56 Geldeinheiten bekommen. Auf lange Sicht verschlechterte sich dieser Zustand noch erheblich durch Abnutzung der Gebrauchsgegenstände und Senkung der Unterstützungszahlungen bei Langzeitarbeitslosigkeit. Aufgrund dessen wurde von der Forschergruppe auch eine erhebliche Verschlechterung der psychischen Verfassung der Betroffenen vorhergesagt.

Hinsichtlich der Massenarbeitslosigkeit und der Bevölkerungsabnahme in deutschen Städten, insbesondere in den Neuen Bundesländern nach der Wiedervereinigung 1990 gewinnt die Marienthal-Studie wieder an Aktualität. Denn auch hier ist oft die Mehrheit der Stadtbevölkerung von Arbeitslosigkeit betroffen und wandert daher ab. Durch die Schließung der einzig vorhandenen Betriebe in diesen Regionen können Parallelen in Bezug auf die Marienthal-Studie gezogen werden. Demzufolge haben die sozialen wie psychischen Kosten der Arbeitslosigkeit in den Neuen Bundesländern enorm zugenommen. So stellte ein Psychologen-Team im Raum Halle fest, dass rd. 20 % der Personen, die vorher keinerlei gesundheitliche Beeinträchtigungen angaben, später medizinische bzw. psychologische Hilfe benötigten. So wurden häufig „psychosomatische Störun-

143 Wacker (1976), S.37 f.

144 vgl. Schmitz (1995), S. 138

145 Jahoda (1995), S. 43 f.

gen wie Herz-Kreislauf-Beschwerden, Depressionen und angstneurotische Phänomene"[146] diagnostiziert. In Bezug auf den erlebten „Wendestress" - besonders durch Arbeitslosigkeit - schreibt Michael Schmitz hinsichtlich der dadurch entstehenden sozialen Belastungen: „Sozialer Rückzug ist als notgedrungener Versuch zu werten, restlichen seelischen Zusammenhalt zu verteidigen."[147]

In den 70er Jahren standen vermehrt Querschnittsstudien zur Erwerbslosigkeit im Vordergrund. Eine wachsende Zahl verschiedener Stichproben resultierte in teilweise widersprüchlichen Ergebnissen zwischen den vielen Studien. Die Einsicht, dass Arbeitslosigkeit ein andauernder Prozess ist, führte verstärkt zu empirischen Längsschnittuntersuchungen in den 80er Jahren. Anders als zuvor wurde nun die Erwerbslosigkeit über mehrere Jahre analysiert.[148]

Anknüpfend an die Erhebungen des Institutes für Arbeitsmarkt- und Berufsforschung in den Jahren 1974/75 und die empirischen Untersuchungen von Infratest 1977/78 untersuchte das IAB 1981/82 mittels mündlicher sowie schriftlicher Befragungen den Verlauf der Erwerbslosigkeit von 8.000 neu zugegangenen Personen.[149] Neben der Ermittlung von aktuellen Daten, z.B. über „demographische und berufsbiographische Hintergrundinformationen"[150], waren die Forscher unter anderem daran interessiert, Informationen über „gesundheitliche Einschränkungen, individuelle Belastungen und Problemlagen während der Arbeitslosigkeit"[151] zu sammeln. Im Sommer 1983 wurde eine Wiederholungsbefragung bei Arbeitslosen über 25 Jahre durchgeführt. Die Fragen zu den psychosozialen Belastungen während der Erwerbslosigkeit (unabhängige Variablen 35-44) sind in dem Tabellenausschnitt in Anhang 17 abgebildet. Zur Vervollständigung der Daten wurden zusätzliche Informationen aus den Arbeitsämtern gesammelt.

Die IAB-Verlaufsuntersuchung von 1981 bis 1983 lässt hinsichtlich der psychosozialen Kosten folgende Resultate erkennen: Der psychische Gesundheitszustand wird offensichtlich durch finanzielle Probleme und psychosoziale Belastungen in Folge der Arbeitslosigkeit am stärksten beeinträchtigt. Demographische und berufsbiographische Faktoren haben we-

146 Schmitz (1995), S. 139
147 Schmitz (1995), S. 140
148 vgl. Mohr (1997), S. 23
149 vgl. Brinkmann et. al (1982), S.408 ff.
150 Brinkmann et. al (1982), S. 409
151 ebenda

niger Einfluss. Somit konnte nachgewiesen werden, weshalb Erwerbslose schon in der ersten Zeit der Arbeitslosigkeit „im Durchschnitt ein etwas schlechteres psychisches Befinden erkennen lassen" als bei der Referenzgruppe der „Erwerbstätigen"[152]. Jüngere männliche Erwerbslose sind hiervon am stärksten betroffen. Ergebnisse aus vorherigen Untersuchungen, wie z.B. die soziale Stigmatisierung und Isolation von Arbeitslosen, konnten bestätigt werden. Es sei noch darauf hingewiesen, dass die finanziellen wie psychosozialen Belastungen auf die Psyche des Menschen individuell unterschiedlich wirken. Damit wird klar, dass die Arbeitslosigkeit nicht bei jeder Person unmittelbar psychosoziale Belastungen zur Folge haben muss.[153]

Mit Blick auf weitere Forschungsergebnisse (Kieselbach 1988, 1992; Schober 1987; Behle 2001) aus den 80er Jahren bis in die Gegenwart konnte nachgewiesen werden, dass Arbeitslose im Durchschnitt mit anhaltender Erwerbslosigkeit zusätzlich durch einen schlechteren psychischen Gesundheitszustand gegenüber den Erwerbstätigen benachteiligt sind. Finden die Betroffenen einen neuen Arbeitsplatz, so ist eine Regeneration der psychischen Gesundheit durchaus möglich und wahrscheinlich.

In der Verlaufsuntersuchung des IAB (Zugänge 1981) wurde auch die Situation jugendlicher Arbeitsloser unter 25 Jahre genauer untersucht. Daraufhin analysierte Karen Schober 1987 die soziale und psychische Lage arbeitsloser Jugendlicher genauer.[154] Karen Schober zeigte auf, dass die psychosoziale Belastung bei erwachsenen und jugendlichen Arbeitslosen ein ähnliches Niveau erreicht. Auf der Grundlage dieser Studien und im Zusammenhang mit der Regeneration der psychischen Gesundheit durch die Wiedereingliederung beschäftigte sich Heike Behle im Jahr 2001 genauer mit der Stärkung der seelischen Gesundheit jugendlicher Arbeitsloser durch das Sofortprogramm zum Abbau von Jugendarbeitslosigkeit. „Die durch die Maßnahme vermittelte Veränderung der Fähigkeit zur Bewältigung externer und interner Anforderungen (seelische Gesundheit)"[155] wurde in den bisherigen Untersuchungen vernachlässigt. Auch hier wurden die Teilnehmer während und nach der Maßnahme wiederholt befragt. Das Sofortprogramm hatte zum Ziel, die selbständige Problembewältigung der Jugendlichen im beruflichen sowie privaten Bereich zu fördern. Heike Behle analysierte hauptsächlich, inwieweit sich die seelische Gesundheit der Jugendlichen nach der Maßnahme veränderte.

---

152 Brinkmann et. al (1983), S. 388

153 vgl. Brinkmann et. al (1983), S. 388

154 vgl. Schober (1987), S. 459 ff.

155 Behle (2001), S.462

Durch die Untersuchung konnte bewiesen werden, dass die Kontrolle der äußeren Lebensumstände (Maßnahmeart und Arbeitsmarktstatus) die finanzielle Situation und das Bedürfnis nach Erwerbstätigkeit, die seelische Gesundheit und deren Veränderung nach der Teilnahme an der Maßnahme beeinflussen.[156] Des Weiteren verbesserte sich bei allen Teilnehmenden durch eine hohe Arbeitsorientierung der seelische Gesundheitszustand. Auf der anderen Seite verschlechterte sich der Zustand mit zunehmenden finanziellen Einschränkungen. Bei den männlichen Teilnehmern wirkte sich insbesondere der durch die Maßnahme erreichte Arbeitsmarktstatus positiv auf die seelische Gesundheit aus. Bei den Frauen „fördert vor allem die weitere Qualifikation (...) im Anschluss an die Maßnahme die seelische Gesundheit".[157]

Durch die empirische Untersuchung wird klar, dass arbeitsmarktpolitische Maßnahmen durchaus dazu beitragen können, der Perspektivlosigkeit und gesellschaftlichen Isolation junger Arbeitsloser entgegenzuwirken. Zudem können psychische Belastungen und negatives soziales Verhalten durch die Betroffenen abgewendet werden, was auch zu einer Senkung zukünftiger psychosozialer Kosten führt.

5.3.2 Individuelle psychosoziale Kosten

Die Erfahrungen während der Arbeitslosigkeit sind individuell sehr verschieden und zudem von einer Vielzahl von Faktoren abhängig. Welches persönliche Ausmaß die Veränderung durch die Erwerbslosigkeit annimmt, ist abhängig vom vorherigen Status des Betroffenen auf dem Arbeitsmarkt.[158] So kann bspw. zwischen Personen unterschieden werden, die keinen Ausbildungsplatz erhalten oder direkt nach der Ausbildung arbeitslos werden. Die psychosozialen Belastungen dieser Jugendlichen wurden im vorherigen Abschnitt vertieft. Des Weiteren gibt es hauptsächlich Frauen, die nach einer Phase der Nichterwerbstätigkeit, eine Arbeitsstelle suchen, jedoch keine finden. Der größte Teil der Arbeitslosen war unmittelbar vorher erwerbstätig. Der Verlust des Berufsstatus und die weiteren schon angesprochenen latenten Funktionen[159] führen bei den beiden zuletzt genannten Personengruppen zur Entstehung von psychosozialen Kosten. Werden die verschiedenen persönlichen Lebensumstände, Charakteristika sowie Verhaltensweisen der Arbeitslosen mit einbe-

---

[156] vgl. Behle (2001), S. 474

[157] Behle (2001), S.461

[158] vgl. Ashton (1986), S. 122 f.

[159] vgl. Abschnitt 5.1 sowie Jahoda (1995), S. 70

zogen, ergeben sich für den Einzelnen ganz unterschiedliche Möglichkeiten auf dem Arbeitsmarkt. Sind die Chancen eher gering, wie bspw. bei den genannten Problemgruppen[160], hat dies auch negative Auswirkungen auf die Dauer und die Häufigkeit der Erwerbslosigkeit.

Langzeitarbeitslose werden besonders stark von psychischen wie sozialen Belastungen geplagt. Mit zunehmender Dauer der Arbeitslosigkeit steigen somit die psychosozialen Kosten.[161] Auf der anderen Seite entstehen durch die Arbeitslosigkeit auch Entlastungen, z.B. durch „mehr Zeit für Sachen (...), die Spaß machen"[162] oder auch Gewöhnungseffekte. Diese Entlastung nimmt mit zunehmender Dauer tendenziell ab.

Das folgende Phasenmodell zeigt die demoralisierende Erfahrung für Langzeitarbeitslose:

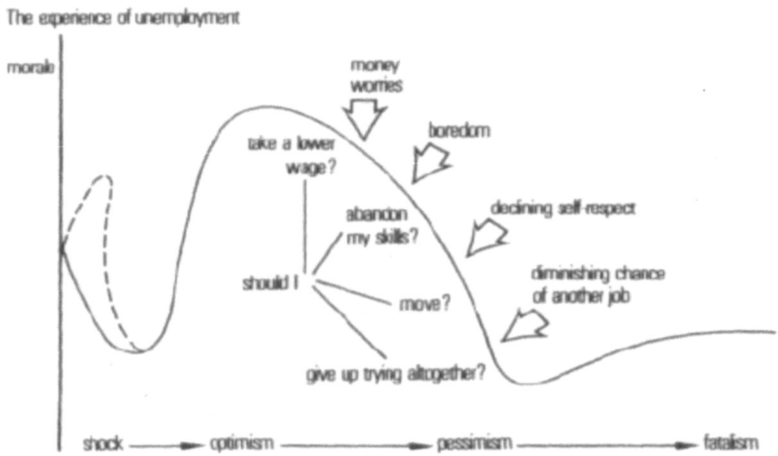

Abbildung 8: "The Demoralising Experience of Prolonged Unemployment"

Quelle: R. Harrison: The Demoralising Experience of Prolonged Unemployment, in: Department of Employment Gazette, April 1976, S. 340, in: Koller (1979), S.190

Insbesondere die 25- bis 45-jährigen erleben die Phasenfolge: Schock → Optimismus → Pessimismus → Fatalismus.[163] Die Kündigung löst den Schock beim Betroffenen aus. Es folgt die Phase der Suche nach einem

---

[160] vgl. Abschnitt 2.1.2.2

[161] vgl. Brinkmann (1984), S. 461 f.

[162] Brinkmann (1984), S. 461

[163] vgl. Wacker (1981), S. 31

neuen Job (Optimismus). Bleiben die Bewerbungen ohne Erfolg, so verspürt der Arbeitslose zunehmend Angst, Erschöpfung und Resignation. Aus dem Pessimismus wird schließlich Fatalismus, "eine Haltung, in der die Annahme einer blinden Notwendigkeit allen Geschehens das Handeln bestimmt."[164]

Des Weiteren ist das vermehrte Auftreten von Arbeitslosigkeitsphasen bedeutsam für das Zunehmen psychosozialer Kosten. Bei älteren Arbeitslosen kann dies zum Eintritt in den Vorruhestand führen. Dies führt zur Entlastung und damit zum Sinken der psychosozialen Kosten, da weniger finanzielle Belastungen eine Rolle spielen und „sozial akzeptierte Alternativen"[165] zum Erwerbsleben gefunden werden. Durch die im Vergleich zu den Männern schwierigere Arbeitsmarktsituation der Frauen wählen diese zumeist auch Alternativen zur Erwerbstätigkeit. Dies kann wiederum das Entstehen psychosozialer Kosten für diese Personengruppe abwenden.

Auch die unbegrenzt zur Verfügung stehende Freizeit wird für den Langzeitarbeitslosen zum größten Problem. 31 % der befragten Arbeitslosen in der IAB Verlaufsuntersuchung 1981 empfanden die mit der freien Zeit verbundene Langeweile, das Nichtstun und das Unausgelastetsein als besonders unangenehm. Rund 60 % der Langzeitarbeitslosen „kamen sich manchmal richtig überflüssig vor"[166].

Neben dem Verlust von sozialen Beziehungen im Berufsleben werden auch private Kontakte durch Arbeitslosigkeit belastet. Zunächst fällt es nicht leicht, Freunden von der Kündigung zu erzählen. Die arbeitslose Person geht nicht mehr so oft mit Freunden aus und hat in der Partnerschaft bzw. Familie häufiger Streitigkeiten. Im folgenden Abschnitt wird dieser Ansatz näher analysiert.

5.3.3 Familiäre psychosoziale Kosten

Nach der Untersuchung der psychosozialen Kosten für den Arbeitslosen selbst, werden nun die sozialen und psychischen Auswirkungen der Arbeitslosigkeit auf das nähere Umfeld analysiert. Aufgrund des wenig vorhandenen aktuellen Forschungsmaterials und zur Vereinfachung werden vordergründig die psychosozialen Kosten der Arbeitslosigkeit für eine Familie mit zwei Elternteilen und mindestens einem nicht-erwerbstätigen

---

[164] Meyers Lexikon (1999): „Fatalismus"
[165] Brinkmann (1984), S. 461
[166] Brinkmann (1984), S. 461

Kind ermittelt. Es wird unterstellt, dass beide Elternteile vor einer möglichen Kündigung erwerbstätig waren.

Für die Entstehung psychosozialer Kosten für die Familie ist der Teil des durch Arbeitslosigkeit verloren gegangenen Einkommens von großer Bedeutung. Wird der Elternteil erwerbslos, der den größeren Teil zum Haushaltseinkommen hinzu verdient hat, ist mit extremen Belastungen für die Familie zu rechnen. Beide Elternteile haben je nach der Höhe des eigenen Einkommens einen Erwerbsstatus und übernehmen eine Rolle innerhalb der Familie. So ist die finanzielle Abhängigkeit des einen Elternteils vom anderen aufgrund ungleich hoher Gehälter nicht selten. Die eventuelle Machtausübung desjenigen, der das höhere Gehalt bezieht, kann sich auf die restlichen Familienmitglieder psychisch belastend auswirken. Fällt das Gehalt des „Machtausübenden" durch Arbeitslosigkeit weg, erfolgt eine Umstrukturierung alter Abhängigkeitsbeziehungen.[167] Diese Veränderung kann sich entlastend oder auch belastend auf die Familie auswirken. Wird ein traditionelles Rollenbild unterstellt, in dem der Vater die Funktion als „Träger der materiellen Existenzsicherung"[168] übernimmt, so kann die Arbeitslosigkeit die väterliche Autorität reduzieren. In der Ehe- bzw. Partnerbeziehung kann dies zu mehr Gleichberechtigung zwischen Frau und Mann führen. Andererseits kann auch die zunehmende mütterliche Autorität die Konflikte innerhalb der Familie verstärken.

Im Vergleich zu allein lebenden Menschen wirkt die unmittelbare Nähe der anderen Familienmitglieder für den Arbeitslosen psychisch entlastend. Zum einen wird die oder der Arbeitslose in das Familienleben integriert und ihm täglich aufgezeigt, dass sie oder er gebraucht wird. Zum anderen kann die Familie auf den Arbeitslosen unterstützend einwirken. Die Motivation eine neue Erwerbstätigkeit aufzunehmen, verstärkt sich dadurch.

Auch die Kinder langzeitarbeitsloser Eltern sind stark von psychischen wie sozialen Belastungen der Arbeitslosigkeit betroffen. So müssen die Kinder unter anderem „Angstzustände, Schlafstörungen, motorische Unruhe, emotionale Labilität, Konzentrationsschwäche"[169] und ihre negativen Auswirkungen ertragen. Weiterhin konnte festgestellt werden, dass die betroffenen Kinder überdurchschnittlich oft soziale Kontakte abbrechen. „Angst vor Stigmatisierung, die Distanzierung von den Eltern und der

---

[167] vgl. Wacker (1976), S. 76 ff.
[168] Wacker (1976), S. 76
[169] Zenke (1985) et al., S. 271

Leistungsabfall"[170] in der Schule sind negative soziale Kosten, die eine erfolgreiche und glückliche Zukunft der Kinder verhindern können. Zwei Hauptursachen dieser Belastungen sind die durch die finanziellen Einschränkungen unerfüllten materiellen Wüsche der Kinder und die zunehmende Aggressivität des arbeitslosen Vaters.

5.3.4 Gesellschaftliche psychosoziale Kosten

Eine über Jahrzehnte zunehmende Massen– und Langzeitarbeitslosigkeit verursacht Politikverdrossenheit, wachsende politische Konflikte, schärfere sozialkulturelle Disparitäten und damit soziale Ausgrenzung, insbesondere von Langzeitarbeitslosen.[171] Die Ausgrenzung derjenigen, die häufig oder dauernd arbeitslos sind von denjenigen die ständig erwerbstätig sind, teilt die Gesellschaft in zwei Klassen. Die Rückkehr in die Zweiklassengesellschaft wird durch die Darstellung der Arbeitslosen als „Drückeberger" forciert. Zudem verstärkt dieses Vorurteil den Abbau des sozialen Sicherungssystems in Deutschland. Die dadurch entstehenden sozialen Folgekosten wirken sich verheerend auf die gesellschaftliche Entwicklung aus.

Umso größer die Masse der Arbeitslosen ist, desto schärfer ist die Konkurrenz zwischen den Arbeitslosen. Die dadurch verursachte Verunsicherung und Angst des Einzelnen vor einer als gefährlich eingeschätzten Realität kann zur Stärkung der Position der Arbeitgeber führen. Der Druck auf die Arbeitnehmer zu mehr zeitlicher und mobiler Flexibilität sowie zur Erhöhung der Arbeitsproduktivität wird verstärkt. Unter diesen Bedingungen kann eine Gesellschaft entstehen, in der sich die Menschen zunehmend an weniger Zeit zur Erholung gewöhnen werden müssen. Weite räumliche Entfernungen zu Familie und Freunden werden zur Normalität. „Übereinstimmung besteht (...) darin, dass Arbeitslosigkeit von einer allgemeinen Einschränkung des sozialen und psychischen Lebenshorizonts begleitet ist"[172]. Die Überalterung der Bevölkerung durch zu wenig Zeit für Kinder und die Anzahl von „Single"-Haushalten wird daher bei anhaltend hoher Arbeitslosigkeit zunehmen.

Wie schon unter Abschnitt 5.3.2 erwähnt, können akzeptierte Alternativen zum Erwerbsleben, z.B. bei älteren Arbeitnehmern, psychosoziale Kosten durch Arbeitslosigkeit verhindern. So auch bei der gesellschaftlich weniger akzeptierten illegalen Beschäftigung („Schwarzarbeit") von Er-

---

170 ebenda

171 vgl. Hradil (2001), S. 208 ff.

172 Wacker (1976), S. 99

werbslosen. Die „Schwarzarbeit“ bringt dem einzelnen Arbeitslosen ein zusätzliches Einkommen und damit weniger psychische wie soziale Belastungen. Der Arbeitgeber hat Mehreinnahmen durch nicht gezahlte Steuern und Sozialabgaben. Die Allgemeinheit hat das Nachsehen, denn illegale Erwerbstätigkeit führt zur Verdrängung legaler Arbeitsplätze. Die Folgen sind wiederum erhöhte Arbeitslosigkeit und sich daraus ergebende höhere gesamtwirtschaftliche wie psychosoziale Kosten.

Kann Arbeitslosigkeit bei den Betroffenen zu einer radikalen politischen Einstellung führen und damit das demokratische System gefährden? 1968 konnte bewiesen werden, dass Arbeitslose mit größerer finanzieller Einschränkung im Vergleich zu Erwerbslosen mit geringeren finanziellen Belastungen eher dazu neigten, sich radikalen Gruppierungen anzuschließen bzw. diese zu wählen.[173] Ein Indiz dafür, dass die Unterstützungszahlungen, die in Deutschland an Arbeitslose gezahlt werden, zunehmenden politischen Extremismus durch Arbeitslosigkeit verhindern. Durch Kürzungen bei den Leistungen der sozialen Institutionen besteht die Gefahr von wiederkehrendem politischem Radikalismus. Die Stabilität der Demokratie kann somit langfristig geschädigt werden. Bislang konnte nur kurzfristig steigende politische Radikalisierung in Deutschland beobachtet werden.

Der Zusammenhang zwischen Erwerbslosigkeit und Kriminalität lässt sich für Phasen hoher Arbeitslosigkeit im 19. Jahrhundert nachweisen. Mit Einführung der Arbeitslosenversicherung im 20. Jahrhundert ist der Zusammenhang kaum nachweisbar.[174] Ähnlich wie beim Verschwinden des politischen Radikalismus durch die soziale Sicherung der Menschen führt diese auch zur Senkung der Kriminalität. Die Arbeitslosigkeit in der sozialen Marktwirtschaft verursacht also keine extrem hohe Kriminalität. Dies konnte auch durch das Aufzeigen des Anstiegs der Kriminalität während der relativen Vollbeschäftigung in England belegt werden. Trotz dieser Untersuchungsergebnisse wird in der Öffentlichkeit weiterhin die „Vorstellung verbreitet, die Erwerbslosigkeit führe zwangsläufig zur Kriminalität“[175].

---

173 vgl. Aiken (1968), S. 111

174 vgl. Jahoda (1995), S. 80 f.

175 ebenda

5.4 Kosten physischer Erkrankungen durch Arbeitslosigkeit

Eine Person ist gesund, wenn sie den „Zustand des völligen körperlichen (...) Wohlbefindens"[176] erreicht. Anders als bei den psychischen Belastungen in den ersten Wochen der Arbeitslosigkeit ist eine Verschlechterung des körperlichen Gesundheitszustands zunächst nicht erkennbar. Teilweise ist sogar das Gegenteil der Fall. In der Anfangsphase der Arbeitslosigkeit tritt bei einem Teil der Arbeitslosen eine physische Entlastung ein. Das liegt daran, dass zuvor Erwerbstätige in einer körperlich belastenden Arbeitsstelle arbeiteten. Diese Belastung entfällt durch die Arbeitslosigkeit. Werden dennoch körperliche Belastungen in der Zugangsphase der Arbeitslosigkeit festgestellt, so sind diese vorwiegend auf vorgelagerte Faktoren zurückzuführen.[177]

Mit zunehmender Dauer und Häufigkeit der Arbeitslosigkeit treten dennoch verstärkt körperliche Beeinträchtigungen auf. Sie können Ursachen oder Folgen der Erwerbslosigkeit sein. Aufgrund von Untersuchungen über einen längeren Zeitraum konnte festgestellt werden, dass Langzeitarbeitslose einen erheblich schlechteren gesundheitlichen Zustand aufwiesen als wiederbeschäftigte Erwerbslose.[178] Dabei konnten die Studien einen positiven Zusammenhang zwischen der physischen und psychischen Gesundheit aufzeigen. Physische Erkrankungen entstehen danach durch Stress bzw. Belastungen, „und zwar desto ausgeprägter, je mehr emotionale Reaktionen auf die Arbeitslosigkeit vorliegen"[179]. So leiden Arbeitslose öfter als Erwerbstätige an psychosomatischen Beschwerden, wie „Verdauungsstörungen, Erkrankungen der Atemwege sowie Muskel und Skeletterkrankungen"[180]. Aber auch ein erhöhter Cholesterinspiegel, Schlafstörungen und insbesondere Depressionen ließen sich nachweisen.

Durch die psychischen Belastungen weisen Arbeitslose individuell unterschiedliches Gesundheitsverhalten auf. Hinter unregelmäßigem Schlaf- und Essrhythmus sowie übertriebenem Alkohol- und Tabakgenuss verbirgt sich ein erhöhtes Risiko süchtig und krank zu werden. So konnte bspw. beobachtet werden, dass bei den 25- bis 35-jährigen erwerbslosen Männern fast zwei Drittel rauchen. Bei den Erwerbstätigen hingegen rauchen rd. 45 % in dieser Altersgruppe.[181] Beschaffungskosten für die lega-

---

176 Hollederer (2002), S. 412

177 vgl. Brinkmann et al. (1983), S. 388

178 vgl. Brinkmann (1984), S. 466 f. & Hollederer (2002), S. 413

179 Resetka et al. (1996), S. 39

180 Resetka et al. (1996), S. 38

181 vgl. Hollederer (2002), S. 416

len Drogen schränken die finanzielle Situation der Arbeitslosen zusätzlich ein und ziehen damit vermehrt psychosoziale Kosten nach sich. Zudem verursacht ein erhöhter Bedarf an Suchtprävention weitere Kosten. Das riskante Gesundheitsverhalten gefährdet nicht nur den Menschen selbst sondern führt wie im Folgenden dargestellt zu erhöhten Kosten für das Gemeinwesen.

In Deutschland ist die medizinische Versorgung vom Erwerbsstatus relativ unabhängig. So spielt das Verhalten von Erwerbslosen gegenüber der Inanspruchnahme medizinischer Leistungen in der Debatte um die stark steigenden gesundheitlichen Kosten in Deutschland eine Rolle. So wurde bereits in den 80er Jahren ermittelt, dass der relative Anteil von Arztbesuchen bei Arbeitslosen um 4 bis 10 % höher war als bei Erwerbstätigen.[182] Unterschiede gibt es auch bei der durchschnittlichen Bezugsdauer des Krankengeldes. Bei sozialversicherungspflichtigen Erwerbstätigen betrug die Dauer im Jahr 2000 rd. 75 Tage. Bei Arbeitslosen lag sie im Vergleich bei rd. 102 Tagen.[183] Nur anhand dieser zwei Beispiele kann sich der Leser ausmalen, wie groß das Ausmaß an Folgekosten durch Krankheit verursachende Langzeitarbeitslosigkeit sein muss. Bei zunehmender Langzeitarbeitslosigkeit ist somit auch mit steigenden Folgekosten für die medizinische Versorgung und Rehabilitation zu rechnen.

Weiterhin verursachen die gesundheitlichen Beeinträchtigungen eine verzögerte Wiedereingliederung der Erwerbslosen in den Arbeitsmarkt. Damit werden unter anderem auch verspätet Krankenversicherungsbeiträge gezahlt, was wiederum zu Mindereinnahmen bei den Krankenkassen führt.[184]

---

182 vgl. Resetka et al. (1996), S. 39
183 vgl. Hollederer (2002), S. 414 & Anhang 18
184 vgl. Hollederer (2002), S. 425

6 Die betriebswirtschaftliche Kostenproblematik

Die folgende Analyse des Zusammenhangs zwischen den volkswirtschaftlichen Kosten der Arbeitslosigkeit und der daraus entstehenden Problematik der steigenden Kosten in den Unternehmen knüpft an die bereits erläuterte Abgrenzung zwischen den volkswirtschaftlichen und betriebswirtschaftlichen Kosten aus Abschnitt 2.2.1 an.

Der Begriff der Arbeitslosigkeit wird im Zusammenhang mit den Problemen des externen Arbeitsmarktes verwandt. Arbeitslosigkeit und die damit einhergehenden Kosten sind vordergründig eine Problematik der Wirtschaftspolitik. Aber auch die Betriebswirtschaftlehre ist bei lange anhaltender Massenarbeitslosigkeit mit der dadurch verursachten Kostenproblematik konfrontiert. Warum das so ist, wird in den folgenden Unterpunkten erläutert.

6.1 Die betriebsinterne Umwandlung der Arbeitskosten

Die Arbeit, die ein Mensch in einem Unternehmen verrichtet, lässt relativ konstante fixe Kosten entstehen.[185] Dazu gehören der Lohn und die anteilig zu entrichtenden Sozialversicherungsbeiträge des Arbeitgebers. Darüber hinaus entstehen auch Ausbildungs- und Weiterbildungskosten für den Erhalt der Leistungsfähigkeit unqualifizierter Arbeitskräfte, qualifizierter Facharbeiter sowie Akademiker in einem Unternehmen. Werden diese Kosten zur Aufrechterhaltung des Produktionsfaktors Arbeit nicht gewährleistet, so entsteht durch das mangelnde Wissens- und Arbeitspotential nicht nur für den Arbeiter und die Unternehmen, sondern auch für die gesamte Gesellschaft ein Verlust. Im kapitalistischen System werden die fixen Arbeitskosten in einen variablen Kostenbestandteil umgewandelt, da der freie Mensch in der ungeplanten Marktwirtschaft seine Arbeitsleistung über freie Arbeitsverträge mit Unternehmen aushandeln kann.

Ausgehend von der Annahme, dass der Unternehmer dem Arbeiter langfristig keinen Arbeitsplatz garantieren muss, kann er die variablen Kosten vollständig vernachlässigen (Annahme: keine Kündigungsfristen, kein garantiertes Jahresgehalt).[186] Verschlechtert sich die Auftragslage für das Unternehmen, so löst der Unternehmer die Kostenproblematik durch Senkung der variablen Arbeitskosten bzw. durch Entlassung der Beschäf-

---

185 vgl. Kapp (1958), S. 142 f.
186 vgl. Kapp (1958), S. 143

tigten. Zunehmende Arbeitslosigkeit ist die Folge. An diesem Punkt werden die gesamtfiskalischen Kosten der Arbeitslosigkeit sichtbar.

Insbesondere bei der Einführung technisch innovativer Lösungen im Unternehmen vernachlässigt der Unternehmer „die Verluste, die durch technische Veränderungen dem Arbeiter zugefügt werden"[187]. Diese Verluste machen sich in Arbeitslosigkeit, in Umzugs- und Umschulungskosten und in der Senkung von Wissenspotentialen bemerkbar. Hält die Arbeitslosigkeit länger an, kommt es anteilig zur Überwälzung ihrer Kosten auf den einzelnen Arbeiter und die Gesellschaft, z.B. in Form von höheren Sozialversicherungsbeiträgen.

Wie schon in Abschnitt 3.3.2 dargestellt, führt die Erhöhung von Sozialversicherungsbeiträgen gegenwärtig auch zur Erhöhung der Kosten der Unternehmen, da die Sozialversicherungsbeiträge in Deutschland zu gleichen Teilen vom Arbeitnehmer und Arbeitgeber an den Fiskus abgeführt werden müssen. Die steigenden Lohnzusatzkosten und die daraus resultierenden Reaktionen der Arbeitgeber zur Senkung dieser Kosten führen wiederum zu einer stärker werdenden Gefährdung der noch vorhandenen Arbeitsplätze.[188] Weitere Beispiele für die Erhöhung bestimmter Kostenarten, die die Unternehmen durch lang anhaltende Massenarbeitslosigkeit direkt betreffen, werden im folgenden Abschnitt genannt und kurz analysiert.

6.2 Betriebliche Kostenentstehung durch Personalanpassungen und Arbeitslosigkeit

Die kontinuierlich steigenden Kosten der Arbeitslosigkeit, z.B. bedingt durch steigende Sozialversicherungsbeiträge, führen zu einem Ansteigen der Lohnnebenkosten. In Zeiten der beschleunigten Internationalisierung bzw. Globalisierung mit zunehmender Mobilität von Sach-, Portfolio- und Humankapital über nationale Grenzen hinweg, können die Unternehmen ihre innovativen Ideen fast überall auf der Welt umsetzen und die Produktion aus Deutschland in Niedriglohnländer verlagern.[189] Aus betriebswirtschaftlicher Perspektive sind aus diesem Grund nicht nur die innovativen Kräfte im Land zu fördern, wichtig sind in besonderem Maße die „user costs of labor"[190]. Sind diese zu hoch, tätigen deutsche Unternehmen verstärkt im Ausland ihre Investitionen. Horst Albach schreibt dazu: In

---

[187] Kapp (1958), S. 140
[188] vgl. Albach (1996), S. 2
[189] vgl. Dongens et al. (2001), S. 262
[190] Albach (1996), S. 44

Deutschland werden möglicherweise „nur noch Beschäftigungsinseln in einem internationalen Produktionsverbund aufrechterhalten“[191]. Das würde weiter steigende Kosten durch zunehmende Massenarbeitslosigkeit bedeuten, wodurch wiederum die Lohnnebenkosten ansteigen. Auf der anderen Seite wird auch die Meinung vertreten, dass im internationalen Vergleich „die Erwerbsquote in Deutschland in den exportorientierten Sektoren“[192] sehr hoch ist. In Folge der sehr guten internationalen Wettbewerbsfähigkeit Deutschlands werden somit auch viele Arbeitsplätze geschaffen. Die Meinung, Arbeitslosigkeit sei eine Folge der Globalisierung, wäre somit nicht richtig. Einige Beispiele zur Diskussion um die Arbeitskosten sowie kritische Anmerkungen folgen in Abschnitt 6.3.

Des Weiteren entstehen Kosten der Arbeitslosigkeit aus Personalanpassungen bzw. aus so genannten „Fluß–Vorgängen“[193], die mit dem Übergang von der Beschäftigung in die Arbeitslosigkeit (Kosten der Entlassung) und von der Arbeitslosigkeit in die Beschäftigung (Kosten der Einstellung) entstehen. Personalanpassungen eines Unternehmens verursachen versunkene Kosten, die durch spezifische Investitionen bei der Einstellung und Entlassung von Beschäftigten entstehen.[194] Der Wert dieser Investitionen kann nach einer Kündigung von Arbeitnehmern nicht wieder realisiert werden. Des Weiteren neigen die Unternehmer dazu, im Fall sehr hoher Einstellungs- und Entlassungskosten auf die Annahme neuer Aufträge zu verzichten. Dies verhindert die Einstellung zusätzlicher Mitarbeiter.

Kosten, die durch die Entlassung von Arbeitnehmern anfallen, sind weitgehend institutionell bedingt und entstehen aus der Einhaltung von „Kündigungsfristen, der Pflicht zur Aufstellung von Sozialplänen sowie aus der Gefahr von Arbeitsgerichtsprozessen mit den damit verbundenen Verfahrens- und Urteilskosten“[195]. Ein typisches Beispiel für die Entstehung von Sozialplankosten sind entsprechend der Beschäftigungsdauer anfallende Abfindungszahlungen des Arbeitgebers an den Arbeitnehmer nach Kündigung des Arbeitsvertrages durch den Arbeitgeber. Fallen sehr hohe Sozialplankosten an, so ist der Unternehmer gehemmter, Arbeitnehmer zu kündigen. Dies ist auf die „Verzögerung des Anpassungszeitpunktes“[196] zurückzuführen, zu dem Entlassungen für das Unternehmen

---

[191] Albach (1996), S. 43

[192] Braun (1998), S. 2

[193] Albach (1996), S. 2

[194] vgl. Winkler (2002), S. 16

[195] Winkler (2002), S. 17

[196] Albach (1996), S. 9

kostenentlastend wirken. Entsprechend wirken sich auch die Sozialplankosten auf die Einstellung neuer Mitarbeiter aus. Entlassungskosten, die aus dem Verlust von firmenspezifischem Humankapital entstehen, müssen abdiskontiert werden, wenn sie bei Einstellungsentscheidungen wiederum berücksichtigt werden sollen.[197]

Einstellungskosten sind ökonomisch bedingt und fallen durch die fachliche Einarbeitung und Ausbildung sowie für die Sozialisation des Mitarbeiters im Unternehmen an. Investitionen der Unternehmen in die Ausbildung junger Arbeitnehmer können die gesamtfiskalischen Kosten der Arbeitslosigkeit senken, denn wie in Abschnitt 2.1.2.2 bereits erläutert, erhöht eine abgeschlossene Berufsausbildung die Chancen, einen Arbeitsplatz zu erhalten. Bei der betrieblichen Berufsausbildung entstehen vier große Kostenblöcke: „Die Personalkosten der Auszubildenden, die Kosten des Ausbildungspersonals, die Anlage- und Sachkosten der Ausbildung sowie die sonstigen Ausbildungskosten“[198]. Besonders während einer Rezession neigen deutsche Unternehmen dazu, diese Kosten zu reduzieren oder die Berufsausbildung aufzugeben. Der Nutzen der betriebsinternen Ausbildung kommt jedoch langfristig den Unternehmen und der Volkswirtschaft durch eine Senkung der Kosten der Arbeitslosigkeit zugute. Die Unternehmen profitieren aus den produktiven Leistungen der Auszubildenden und aus einem komparativen Kostenvorteil durch die Sicherung des Nachwuchskräfte- und Fachkräftebedarfs.[199] Volkswirtschaftlich gesehen, ergibt sich eine Senkung der gesamtfiskalischen Kosten der Arbeitslosigkeit. Denn mit Blick auf den Strukturwandel hin zu mehr Arbeitsplätzen für Qualifizierte, kann die Arbeitslosigkeit durch mehr Ausbildungsplätze gesenkt werden. Daraus resultiert eine mögliche Senkung der Sozialversicherungsbeiträge und damit der Lohnnebenkosten bzw. Arbeitskosten ohne eine anderweitige Umfinanzierung, z.B. durch eine mögliche Mehrwertsteuererhöhung, was wiederum zur Lösung der betriebs- und volkswirtschaftlichen Kostenproblematik beitragen kann. Unternehmen, die ausbilden, reduzieren zudem durch Einstellung anfallende Personalrekrutierungskosten.[200] Ein nicht ausbildendes Unternehmen hat folgende Kostennachteile: Höhere Personalbeschaffungskosten für extern ausgebildete Fachkräfte, z.B. das Schalten von Stellenanzeigen, höhere Kosten für Einarbeitung und Anpassungsqualifizierung, höhere Lohn- und Gehaltskosten durch Einstellung externer

[197] vgl. Winkler (2002), S. 18
[198] vgl. von Bardeleben et al. (1995), S. 19
[199] vgl. von Bardeleben et al. (1995), S. 105
[200] vgl. von Bardeleben et al. (1995), S. 107 ff.

Fachkräfte und erhöhte Fluktuationskosten durch ein erhöhtes Fehlbesetzungsrisiko. Bei anhaltend hoher Massenarbeitslosigkeit bzw. wenig vorhandenen Arbeitsplätzen kommt es bei den Unternehmen „zu einer kostensparenden Verengung von Rekrutierungsfeldern, zu einer Erhöhung betrieblicher Anforderungen und zu verschärfter Diskriminierung nicht-fachlicher Merkmale"[201]. Dieses Vorgehen führt wiederum zu erhöhten Kosten der Arbeitslosigkeit, vor allem für Langzeitarbeitslose. Sie erfüllen die erhöhten Anforderungen oft nur unzureichend.

Kommt es in einem Unternehmen zu Massenentlassungen, so wirkt sich dies auch auf andere Unternehmen aus. Somit entstehen weiterhin Kosten von Arbeitslosigkeit, die auf den Nachfrageausfall bei Vorleistungs- und Handelsunternehmen zurückzuführen sind.[202] Der Ausfall der Nachfrage im Vorleistungsunternehmen entsteht durch den verminderten Bezug von Vorleistungen, wie z.B. Vorprodukte und Serviceleistungen. Daraufhin folgen auch Massenentlassungen in diesen Unternehmen. Die nun Arbeitslosen verfügen über weniger Einkommen durch staatliche Lohnersatzleistungen. Dies wirkt sich wiederum negativ auf den Konsum und Umsatz aus und führt zu einem Nachfrageausfall bei Handelsunternehmen, die ihrerseits wiederum mit Massenentlassungen reagieren. Die Zahl der Leistungsbezieher bei den staatlichen Kostenträgern erhöht sich, was die gesamtfiskalischen Kosten der Arbeitslosigkeit ansteigen lässt. Die staatlichen Kostenträger senken wiederum die Kosten der Arbeitslosigkeit etwas, indem sie durch die Unternehmen gezahlte Abfindungen (Kosten des Sozialplanes) auf die staatlichen Lohnersatzleistungen der Arbeitslosen mit anrechnen. Wurden besonders hohe Abfindungen ausgezahlt, müssen diese teilweise erst aufgebraucht werden, bevor der Arbeitslose einen Anspruch auf Lohnersatzleistungen hat.

6.3 Beschäftigungspolitik zur Reduktion der Kosten der Arbeitslosigkeit

In Abschnitt 3.4 wurden bereits Lösungskonzepte zur Senkung der Kosten der Arbeitslosigkeit vorgestellt. Im Vordergrund standen hier staatliche Interventionsinstrumente, wie die Maßnahmen der aktiven Arbeitsförderung bzw. der beruflichen Weiterbildung. Im Folgenden werden Meinungen und Lösungskonzepte der wirtschaftspolitischen Makroakteure vorgestellt, die die volkswirtschaftlichen und betrieblichen Kosten durch Ar-

201 Deeke (1988), S. 177
202 vgl. Auxel (1992), S. 3 f.

beitslosigkeit senken könnten. Abschließend wird auf eine mögliche Lohnsubventionierung näher eingegangen.

6.3.1 Die Position der Arbeitgeberverbände

Die Bundesvereinigung der Deutschen Arbeitgeberverbände (BDA) fordert „eine Beschäftigungsorientierte Wende in der Sozialpolitik durch Senkung der Sozialversicherungsbeiträge"[203] und damit eine Senkung der Lohnnebenkosten. Die hohen Lohnnebenkosten ergeben sich zum großen Teil aus den kontinuierlich ansteigenden Kosten der Arbeitslosigkeit. Den Arbeitgeberverbänden ist es wichtig, dass nicht umfinanziert wird, sondern zunächst Einsparungen vorgenommen werden. Diesbezüglich wird der Abbau versicherungsfremder Leistungen gefordert, um damit die Senkung der Lohnnebenkosten und der Lohnstückkosten zu ermöglichen. Eine weitere Forderung bezieht sich auf „tariflich verursachte Lohnzusatzkosten"[204]. Diese sollen durch Kürzungen sinken, z.B. bei Urlaubs- und Krankengeldern. Die Arbeitgeber sind der Meinung, dass eine Verringerung der Lohnstückkosten eine bessere Arbeits- und Arbeitszeitorganisation ermöglicht. Zusätzlich zu diesen Forderungen sind die Arbeitgeber bereit, weniger zu rationalisieren, wenn die Flexibilisierung der Arbeitszeit vorangetrieben wird. Um dies zu gewährleisten, soll unter anderem der Sonnabend ein Normalarbeitstag sein, mehr Teilzeitarbeit, Jahresarbeitszeitkonten und Überstundenausgleich möglich sein. Die Arbeitgeber sind strikt gegen die Arbeitszeitverkürzung durch Einführung einer 32-Stunden-Woche. Zudem können durch flexiblere Arbeitszeiten auch Entlassungs- und Einstellungskosten gesenkt werden, da die Anpassung an die sich ständig verändernde Auftragssituation leichter fällt[205]. Um Arbeitslose, insbesondere Langzeitarbeitslose wieder in den ersten Arbeitsmarkt zu integrieren, wird unter anderem die Einführung und Nutzung von Einstiegstarifen gefordert[206]. Des Weiteren soll es möglich werden, dass Arbeitslose unter dem bisherigen Tariflohn beschäftigt werden können.

Es stellt sich die Frage, ob die Arbeitgeber wirklich immer an einer Senkung der Arbeitslosigkeit interessiert sind. Die kontinuierlich ansteigende Arbeitslosigkeit hat für sie Vor- und Nachteile[207]. Vorteile liegen im Ver-

---

[203] Bartsch et al. (1997), S. 5
[204] Bartsch et al. (1997), S. 6
[205] vgl. Albach (1996), S. 2
[206] Bartsch et al. (1997), S. 7
[207] vgl. Bartsch et al. (1997), S. 17

teilungskampf und in der Senkung der Kontrollkosten. Nachteile liegen eindeutig in der bereits dargestellten Steigerung der Kosten der Arbeitslosigkeit und ihren Konsequenzen, wie z.B. steigende Kriminalität und Gefährdung der politischen Stabilität. Solange die Kosten der Arbeitslosigkeit überwälzt werden können und keine akute Gefährdung der Demokratie droht, ist das Interesse der Arbeitgeber an einer Vollbeschäftigungssituation eher gering.

6.3.2 Die kritische Haltung der Gewerkschaften

Die Gewerkschaften meinen, dass nicht die hohen Sozialleistungen, sondern die Zunahme der Arbeitslosigkeit und der mit ihr verbundene Anstieg der Kosten sowie „die Übertragung versicherungsfremder Leistungen auf die Sozialkassen"[208] für den Lohnnebenkostenanstieg der letzten Jahrzehnte ursächlich sind. Somit lehnen die Gewerkschaften Einsparungen bei den Sozialleistungen strikt ab. Nur die Senkung der Zahl der Arbeitslosen und die Finanzierung versicherungsfremder Leistungen aus Steuermitteln führen zur langfristigen Senkung der Sozialversicherungsbeiträge und damit zur Reduktion der Kosten der Arbeitslosigkeit und der Lohnnebenkosten.

Aktuell wird Kritik bei der Dienstleistungsgewerkschaft (ver.di) hinsichtlich der Diskussion um die hohen Lohnkosten laut.[209] Ver.di meint, dass es nur aus betriebswirtschaftlicher Sichtweise heraus logisch sein kann, die Lohnnebenkosten zu senken, um dadurch mehr Wachstum und Beschäftigung zu erhalten. „Die Politik versagt, wenn sie die einzelbetriebliche Sichtweise schlicht auf die Gesamtwirtschaft überträgt"[210]. Volkswirtschaftlich gesehen, verursacht eine Senkung der Lohnebenkosten auch einen Rückgang der gesamtwirtschaftlichen Binnennachfrage. Ein Sinken der Lohnnebenkosten, also der Beiträge der Arbeitgeber zu den Sozialversicherungen der Arbeitnehmer, führt auf der einen Seite zum Steigen der Nettolöhne der Beschäftigten und zu weniger Abgaben für die Arbeitgeber, auf der anderen Seite stehen weniger Mittel zur Verfügung zur Finanzierung von Lohnersatzleistungen, Renten oder Sachleistungen im Gesundheitswesen. Das heißt, Steuern und Abgaben werden in „stärkerem Maße"[211] vollständig nachfragewirksam, würden die Lohnnebenkosten <u>nicht</u> gesenkt. Damit würde eine Senkung der Lohnnebenkosten

---

[208] Bartsch et al. (1997), S. 9

[209] vgl. ver.di Bundesvorstand Berlin (2005), S. 2 ff.

[210] ver.di Bundesvorstand Berlin (2005), S. 3

[211] ver.di (2005), S. 3

gleichzeitig eine Senkung der Löhne bedeuten und ist zudem sozial ungerecht, da insbesondere sozialschwache Gruppen betroffen sind. Daher unterstützt ver.di massiv die Forderung nach Lohnsteigerungen, die die Kaufkraft und Binnennachfrage stärken. Mehr sozialversicherungspflichtige Arbeitsplätze können geschaffen und die Kosten der Arbeitslosigkeit gesenkt werden. Ver.di meint, dass auch hinsichtlich der Exportnachfrage, der Inflation und Gewinnentwicklung der Unternehmen sowie der aktuell schlechten Lohnentwicklung in Deutschland nichts gegen Lohnsteigerungen spricht.

Nach Ver.di würde eine Halbierung der Massenarbeitslosigkeit eine Senkung der Sozialversicherungsbeiträge um drei Prozentpunkte ermöglichen[212]. Das Ziel der Halbierung der Arbeitslosigkeit kann nach Ver.di durch Maßnahmen wie Lohnsteigerung und dadurch verursachte Stärkung der Kaufkraft, durch Arbeitszeitverkürzung, durch eine gerechtere Steuerpolitik sowie durch verstärkte staatliche Investitionen wie den Ausbau der öffentlichen Beschäftigung erreicht werden.

Das Interesse der Gewerkschaften an einem höheren Beschäftigungsniveau ist groß. Weniger Arbeitslosigkeit würde eine stärkere Position der Gewerkschaften in betrieblichen Konfliktsituationen und bei politischen Verhandlungen mit den Arbeitgebern bedeuten.[213]

6.3.3 Lohnsubventionen als Lösung ?

In Deutschland sind schon seit längerer Zeit unterschiedliche Instrumente betriebsbezogener Einstellungshilfen vorhanden. Mit Blick auf die Problemgruppe der Geringqualifizierten wurden somit verschiedene Empfehlungen zur Subventionierung von niedrigen Einkommen hinzugezogen. In Bezug auf die beiden vorherigen Abschnittsunterpunkte dieser Arbeit zum Thema Sozialversicherungsbeiträge und Lohnkostensenkung, wird hier näher auf die Effekte und fiskalischen Kosten am Beispiel des Mainzer Modells eingegangen. Das Modell unterbreitet „eine von der Höhe des Erwerbseinkommens abhängige, degressiv gestaffelte Subventionierung der Sozialbeiträge von Arbeitnehmern im Niedriglohnbereich"[214]. Insbesondere die niedrigere Kostenbelastung der Unternehmen durch die Reduktion der Sozialversicherungsbeiträge war ein Grund der Regierung, dieses Modell im April 2002 bundesweit einzuführen. Die Regierung er-

---

[212] vgl. ver.di (2005), S.10
[213] vgl. Bartsch et al. (1997), S.17
[214] Buslei et al. (2003), S.101

wartet durch diese Maßnahme mehr Arbeitsplätze für Personen ohne Berufsabschluss.[215]

Nach dem Mainzer Modell haben Personen ein Anrecht auf Subvention, die ein monatliches Arbeitsentgelt zwischen 325 € und 897 € beziehen.[216] Beträgt das Arbeitseinkommen genau 325 €, so ist die Förderung so hoch wie der Arbeitnehmerbeitrag zur Sozialversicherung. Die Förderung ist in den Fördergrenzen linear abnehmend. Das Modell ist zunächst bis 2006 geplant. Die zeitliche Befristung soll ein starkes Ansteigen der fiskalischen Kosten des Modells verhindern.

Das Mainzer Modell ist mit Problemen behaftet. Nimmt ein Subventionsberechtigter eine Arbeit an, so steigt zunächst das Haushaltseinkommen an der unteren Sozialversicherungsgrenze, erreicht dann jedoch ein Maximum, um danach bei relativ geringem Erwerbseinkommen wieder abzusinken. Im Endeffekt entstehen zwar Anreizwirkungen zur Annahme einer sozialversicherungspflichtigen Arbeit mit geringer Stundenanzahl, jedoch entsteht auch ein finanzieller Anreiz zur Reduktion des Angebotes an Arbeit. Das Haushaltsnettoeinkommen kann durch die Reduktion erhöht werden. Aufgrund dessen und weiterer Probleme stellen sich beim Mainzer Modell keine bedeutenden Arbeitsangebotseffekte bzw. positive Beschäftigungseffekte ein.

Auch alle weiteren derzeit möglichen Lohnsubventionen in Deutschland, wie z.B. ABM und SAM lösen wenn überhaupt nur relativ geringe positive Beschäftigungseffekte aus.[217] Hinzu kommt, dass die Subventionsmaßnahmen hohe fiskalische Kosten verursachen und dadurch die Sozialversicherungsbeitragssätze und Steuern steigen, was wiederum negative indirekte Beschäftigungseffekte auslösen kann. Infolgedessen ist keine nennenswerte Senkung der Arbeitslosigkeit durch die Subventionierung der Lohnkosten in Sicht. Die Kosten der Arbeitslosigkeit werden somit weiterhin ansteigen.

---

[215] vgl. Buslei et al. (2000), S. 54

[216] vgl. Buslei et al. (2003), S. 101 f.

[217] vgl. Buslei et al. (2003), S. 105 f.

7 Fazit und Schlussbemerkungen

Die Ergebnisse dieser Untersuchung ergaben, dass die kontinuierlich steigende Massenarbeitslosigkeit in der Bundesrepublik Deutschland mit einer Zunahme der gesamtfiskalischen Kosten bzw. mit erheblichen fiskalischen Belastungen der öffentlichen Haushalte verbunden ist. Die gesamtfiskalischen Kosten im Jahr 2003 betrugen 82,7 Mrd. €.[218] Diese Kosten beinhalten zum einen die gesamtfiskalischen Ausgaben von 44,1 Mrd. €, wovon 25,2 Mrd. € für den größten Kostenblock, das Arbeitslosengeld, ausgegeben wurde. Zum anderen wurden 38,6 Mrd. € für die gesamtfiskalischen Mindereinnahmen berechnet. Die staatliche Rentenversicherung war hier mit 9,6 Mrd. € am stärksten betroffen. Die Budgets der Bundesagentur für Arbeit, des Bundes sowie der Länder und Gemeinden aber auch der staatlichen Sozialversicherungen sind durch diese Kostenexplosion gefährdet. Haushaltsdefizite und Einsparungen bei öffentlichen Leistungen sind die Folge. Die öffentliche Finanzwirtschaft und das System der sozialen Sicherung sind daher zunehmend in Gefahr. Eine die Finanzierung der Arbeitslosigkeit betreffende gemeinsame Koordination der Kostenträger zur Lösung des Problems der Arbeitslosigkeit scheint schwierig zu sein. Denn was die Ausgaben angeht, z.B. für Maßnahmen zur Schaffung neuer Arbeitsplätze, handeln die Kostenträger größtenteils unabhängig voneinander. Hier kann die stärkere Einbeziehung der Ursachen und Aufteilung der gesamtfiskalischen Kosten in der Debatte um Maßnahmen und beschäftigungspolitische Alternativen zum Abbau der Arbeitslosigkeit von Nutzen sein.

Die gesamtwirtschaftlichen Kosten der Arbeitslosigkeit wurden über den Wert des Wertschöpfungsverlustes durch Arbeitslosigkeit analysiert. Im Vergleich zu den gesamtfiskalischen Kosten ist die Schätzung der gesamtwirtschaftlichen Kosten mit einigen Schwierigkeiten verbunden. So lässt sich bspw. eine zur Berechnung benötigte Definition des Vollbeschäftigungsgleichgewichts aufgrund methodischer Probleme nicht eindeutig finden. Mit dem Hinweis auf diese Problematik und auf der Basis bereits erläuterter Annahmen konnte der Wertschöpfungsverlust in Abbildung 7 für die Jahre 1991 bis 2002 für die Bundesrepublik Deutschland veranschaulicht werden. Danach konnte ein Verlust an Output im Wert von 232,1 Mrd. € für das Jahr 2002 festgestellt werden. Das entspricht 11 % des nominalen Bruttoinlandsprodukts. Die Zahlen sollen verdeutlichen, was unter Vollbeschäftigungsbedingungen hätte produziert werden können.

---

[218] vgl. Abbildung 4

In einem weiteren Unterpunkt wurde auf die gesellschaftlichen Kosten der Arbeitslosigkeit eingegangen. Zum einen wurde auf Einsparungen bei öffentlichen, sozialen und kulturellen Institutionen hingewiesen, die unter anderem durch beschlossene Unternehmenssteuersenkungen oder Subventionszuschüsse entstehen. Diese finanziellen Kürzungen führen wiederum zur Gefährdung der sozialen Sicherung in Deutschland. Die „Schere" zwischen Arm und Reich wird zunehmend größer. Eine Zunahme des politischen Radikalismus durch Arbeitslosigkeit konnte bisher nur schwer nachgewiesen werden. Sicher ist, dass die zunehmende Unterbeschäftigung auch ein Ansteigen der potentiellen Armut zur Folge hat. Des Weiteren konnte in wissenschaftlichen Studien nachgewiesen werden, dass die Jugendarbeitslosigkeit mit der Jugendkriminalität positiv korreliert. Damit entstehen weitere Kosten des Strafvollzugs und der Resozialisierung durch die Arbeitslosigkeit.

Anknüpfend an die Untersuchung des Wertschöpfungsverlustes wurden in einem letzten Abschnitt zu den gesamtwirtschaftlichen Kosten alternativ die Opportunitätskosten der Unterbeschäftigung berechnet. Je nachdem, welche Annahmen vorausgehen und aus welchem Blickwinkel die Opportunitätskosten betrachtet werden, fallen sie recht unterschiedlich aus. Mit den Zahlen und Berechnungen aus Tabelle 3 und 4 konnten z.B. Opportunitätskosten in Folge der Unterbeschäftigung von 366,74 Mrd. € für das Jahr 2002 ermittelt werden. Dieser Geldbetrag gibt Auskunft darüber, wie viel Output die Arbeitslosen hätten schaffen können, wären sie im Jahr 2002 erwerbstätig gewesen.

In Abschnitt 5 wurde die Frage nach dem Ausmaß möglicher psychosozialer und gesundheitlicher Kosten der Arbeitslosigkeit beantwortet. Zunächst wurde die Bedeutung der Erwerbstätigkeit für den Menschen analysiert. Neben dem Erwerbseinkommen spielen noch weitere Aspekte eine Rolle. Soziale Kontakte, der tägliche Arbeitsrhythmus, ein anerkannter Berufsstatus und persönliche Ziele bilden die Basis der Lebensführung. Daher führt die Arbeitslosigkeit zur psychischen wie sozialen Verarmung beim Menschen. Oftmals werden die resultierenden psychischen wie sozialen Belastungen als noch erdrückender empfunden als die finanziellen Einbußen. Der Arbeitslose fühlt sich gesellschaftlich isoliert. Hinzu kommt eine durch sinkendes Selbstwertgefühl und Selbstvertrauens ausgelöste Vertrauenskrise. Dies kann auf lange Sicht das soziale und politische Weltbild des Betroffenen negativ beeinflussen. Insbesondere jungendliche Arbeitslose fühlen sich in Zeiten der Massenarbeitslosigkeit hilflos, desorientiert und zukunftslos. Sie sind daher anfälliger für Radikalismus und Kriminalität.

Empirische Untersuchungen der Arbeitslosigkeitsforschung bestätigen diese Ergebnisse. In der 1933 veröffentlichten Marienthal-Studie wurde erstmals ein Zusammenhang zwischen psychologischen, politischen, soziologischen und wirtschaftlichen Faktoren in einem Industriedorf, das von Massenarbeitslosigkeit betroffen war, dargestellt. Weniger Bibliotheksbesuche, allgemeines politisches Desinteresse, Mitgliederschwund in den Vereinen, Zukunftsängste von Kindern und Jugendlichen sowie zunehmende Resignation konnte bei den Betroffenen nachgewiesen werden. Zudem wurde eine Verschlechterung der psychischen Verfassung der Arbeitslosen durch die langfristig sinkenden staatlichen Lohnersatzzahlungen festgestellt.

Nach der deutschen Wiedervereinigung 1990 kam es zu stark ansteigender Arbeitslosigkeit in den Neuen Bundesländern. So haben auch hier die sozialen wie psychischen Kosten stark zugenommen. Ein Psychologen-Team diagnostizierte bei den Arbeitslosen häufig psychosomatische Störungen wie Herz-Kreislauf-Beschwerden, Depressionen und angstneurotische Phänomene. Schon seit den 70er Jahren werden in der Bundesrepublik Deutschland Untersuchungen zu den gesundheitlichen Einschränkungen und den individuellen Belastungen während der Arbeitslosigkeit vorgenommen. So konnte Anfang der 80er Jahre nachgewiesen werden, dass der psychische Gesundheitszustand durch finanzielle Probleme und psychosoziale Belastungen in Folge der Arbeitslosigkeit am stärksten beeinträchtigt wird. Demographische und berufsbiographische Faktoren haben weniger Einfluss. Die soziale Stigmatisierung und Isolation von Arbeitslosen konnte bestätigt werden. Durch neuere Untersuchungen aus dem Jahr 2001 wurde nachgewiesen, dass arbeitsmarktpolitische Maßnahmen dazu beitragen können, der Perspektivlosigkeit und gesellschaftlichen Isolation jugendlicher Arbeitsloser entgegenzuwirken. Des Weiteren tragen die Maßnahmen dazu bei, die psychischen Belastungen und das negative soziale Verhalten der jungen Arbeitslosen abzuwenden. Zukünftige psychosoziale Kosten können somit gesenkt werden.

Die Entstehung individueller psychosozialer Kosten ist zum einen abhängig vom vorherigen Berufsstatus des Arbeitslosen, von den unterschiedlichen persönlichen Lebensumständen sowie vom Charakter und den Verhaltensweisen des Betroffenen. Mit zunehmender Dauer der Arbeitslosigkeit steigen die psychosozialen Kosten. Vorruheständler und Frauen können durch sozial anerkannte Alternativen zur Erwerbsarbeit die psychosozialen Kosten abwenden. In einem weiteren Unterpunkt wurde auch die Situation der von Arbeitslosigkeit betroffenen Familien untersucht. Alte Abhängigkeitsbeziehungen strukturieren sich um. Die Autorität des arbeitslosen Familienmitgliedes sinkt. Die Arbeitslosigkeit kann Konflikte innerhalb der Familie verstärken. Die Kinder arbeitsloser Eltern müssen unter anderem Angstzustände, Schlafstörungen, emotionale Labilität, Konzentrationsschwäche und ihre negativen Konsequenzen ertragen. Zudem leiden die Kinder unter den finanziellen Einbußen und der oft zunehmenden Aggressivität des arbeitslosen Vaters. Psychosoziale Kosten der Arbeitslosigkeit haben aber auch Auswirkungen auf die Gesellschaft. Sozialkulturelle Disparitäten und die Ausgrenzung derjenigen, die häufig oder dauernd arbeitslos sind, teilt die Gesellschaft in zwei Klassen. Massenarbeitslosigkeit verursacht Verunsicherung und Angst vor einer als gefährlich eingeschätzten Realität. Dies erhöht den Druck der Arbeitgeber auf die Beschäftigten zu mehr Flexibilität und Mobilität. Weniger Zeit für Erholung und Familie sind die Folge. Des Weiteren leistet die soziale Sicherung bei Arbeitslosigkeit, z.B. in Form von hohen Lohnersatzleistungen, einen großen Beitrag zur Senkung der politischen Radikalisierung sowie zur Senkung der Kriminalität.

Psychosoziale Belastungen aufgrund lang anhaltender und häufig auftretender Arbeitslosigkeit machen körperlich krank. Durch Studien wurde bei Langzeitarbeitslosen im Vergleich zu wiederbeschäftigten Erwerbslosen ein erheblich schlechterer Gesundheitszustand nachgewiesen. So werden unter anderem psychosomatische Beschwerden, ein erhöhter Cholesterinsspiegel und Depressionen diagnostiziert und behandelt. Das führt zu steigenden Ausgaben und Mindereinnahmen im Gesundheitswesen.

Abschließend wurde der Zusammenhang zwischen den betriebswirtschaftlichen und den volkswirtschaftlichen Kosten durch Arbeitslosigkeit untersucht. Dazu wurde zunächst grundlegend auf die Entstehung und Umwandlung von Arbeitskosten in einem Unternehmen eingegangen. Insbesondere der technische Fortschritt verursacht Arbeitslosigkeit, die Senkung von Wissenspotentialen und Umzugs- sowie Umschulungskosten. Aber auch die schlechte Auftragslage eines Unternehmens zwingt die Arbeitsgeber dazu, Beschäftigte zu entlassen. Die Kündigung von Arbeitnehmern führt zu Sozialplankosten. Bei kontinuierlich steigender Arbeitslosigkeit werden ihre Kosten auf den einzelnen Arbeiter und die Gesellschaft überwälzt, z.B. in Form höherer Sozialversicherungsbeiträge. Durch diese Überwälzung kommt es langfristig zur Steigerung der Lohnnebenkosten, die besonders die mittelständigen Betriebe stark belasten. Im weiteren Verlauf wurden verschiedene Lösungsvorschläge zur Senkung der Kosten der Arbeitslosigkeit vorgestellt und diskutiert. Eine Möglichkeit ist die Investition in die betriebsinternen Ausbildungskosten. Die Unternehmen haben einen komparativen Kostenvorteil, der sich aus der Sicherung des Fachkräftebedarfs ergibt. Auch die Volkswirtschaft profitiert, denn durch die Schaffung von mehr Arbeitsplätzen für qualifizierte Fachkräfte können künftige Kosten der Arbeitslosigkeit vermieden werden. Weiterhin konnte ermittelt werden, dass die derzeit vorhandenen Lohnsubventionen, wenn überhaupt, nur relativ geringe positive Beschäftigungseffekte aufweisen. Eine starke Senkung der Kosten der Arbeitslosigkeit durch Subventionsmaßnahmen ist daher gegenwärtig nicht in Sicht.

Die strukturell bedingte Massenarbeitslosigkeit in der Bundesrepublik Deutschland lässt die monetären und nicht-monetären Kosten ansteigen. Nahezu alle Bereiche sind davon betroffen. Der Arbeitslose selbst, sein nahes Umfeld und die Gesellschaft haben die größten finanziellen, gesundheitlichen und sozialen Verluste zu erleiden. Die künftigen Probleme werden größer und scheinen unausweichlich, solange die Arbeitslosigkeit nicht ganz verschwindet. Nur durch die Zusammenarbeit und Kompromissbereitschaft aller Makroakteure (Politik, Gewerkschaften und Arbeitgeberverbände) wird es möglich sein, die Arbeitslosigkeit spürbar zu senken und damit die mit ihr einhergehende Kostenproblematik zu lösen.

8 Nachtrag Juni 2009: Die Kosten der Arbeitslosigkeit nach den Arbeitsmarkt-Reformen („Hartz IV-Reformen") im Jahr 2005

8.1 Konjunkturelle Phasen 2003 bis 2009

In Bezug auf die beiden Abbildungen 9 und 10 weiter unten zum Bruttoinlandsprodukt kann nachweislich begründet werden, dass die durch das „Platzen" der sog. „IT-Blase" bzw. durch das abrupte Ende des Aufschwungs der IT- und Kommunikationsbranche, was eine erhebliche Beeinflussung nicht nur der deutschen Gesamtwirtschaft zur Folge hatte, eine längere Abschwungphase bis 2004 folgte. Mit dem langsamen Anziehen der Wirtschaft im Laufe des Jahres 2005 (Aufschwungphase) können wir die Jahre 2006 und 2007 bis weit hinein in das Jahr 2008 als wirtschaftliche Boomphase bezeichnen [219]. Das BIP wurde vom Statistischen Bundesamt errechnet [220] und wies danach seine höchsten Werte im 4.Quartal 2006 (3,8%) und im 1.Quartal 2007 (3,4%) auf. Ein weiterer Höhepunkt wurde dann noch einmal im 2.Quartal 2008 (3,4%) erreicht.

Abbildung 9: BIP 1999 bis 2008

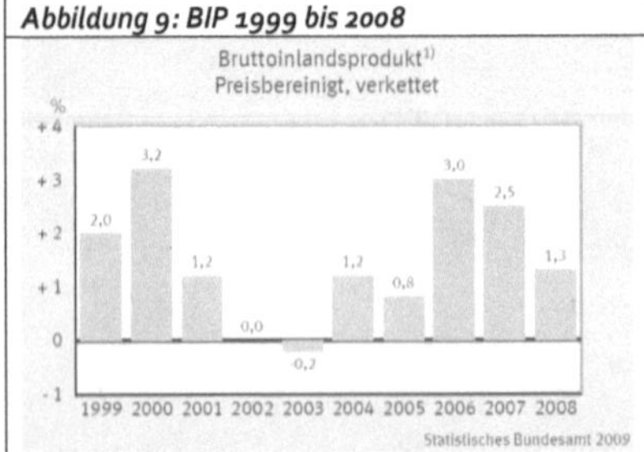

Abbildung 10: BIP Q1 2006 bis Q1 2009

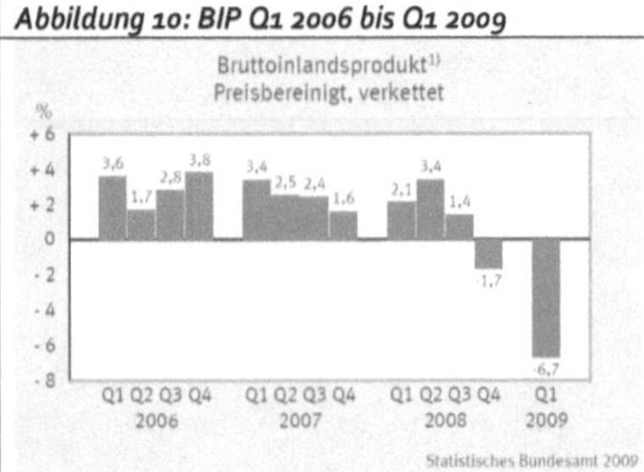

Quelle: http://www.destatis.de/jetspeed/portal/cms/Sites/destatis/Internet/DE/Content/Publikationen/Fachveroeffentlichungen/VolkswirtschaftlicheGesamtrechnungen/DeutscheWirtschaftQuartal,property=file.pdf, Seiten 3 & 6, Stand 05/2009

Bereits im Sommer 2007 begann die so genannte Banken- und Finanzkrise der Jahre 2008 und 2009, mit der US-amerikanischen Immobilienkrise. Diese Krise wurde durch global übersteigerte Finanzspekulationen und durch eine verstärkte Kreditvergabe (z.B. vermehrt an Schuldner mit niedriger Bonität) ausgelöst und machte sich zunächst durch größere Ver-

---

[219] Abbildung 9

[220] vgl. Statistisches Bundesamt 2009, Deutsche Wirtschaft 1.Quartal 2009, S.2

luste und einer erhöhten Anzahl von Insolvenzen (z.B. amerikanische Investmentbank Lehman Brothers Inc., September 2008) im Finanzmarktsektor bemerkbar. Auch viele deutsche Anleger wurden durch die Pleiten hart getroffen. Das BIP sank damit im 4.Quartal 2008 im Vergleich zum 3. Quartal um 3,1 Prozent, da diese Krise nun auch in der Realwirtschaft gravierende negative Auswirkungen zeigte. Im Vergleich mit dem 4. Vorjahresquartal 2007 lag das BIP im selben Quartal 2008 um 3,3 Prozent niedriger [221].

8.2 Die gesamtfiskalischen Kosten der Arbeitslosigkeit 2004 bis 2007

8.2.1 Einleitung

Durch die Umsetzung der Arbeitsmarktreform im Jahr 2005 beabsichtigte die damalige Regierung unter Kanzler Gerhard Schröder die Verringerung der Sozialleistungen und damit der Kosten, die durch Langzeitarbeitslosigkeit für den Wohlfahrtsstaat entstehen. Zudem hatte die Reform zum Ziel, eindeutige fiskalische Finanzierungsverantwortung herzustellen, um eine bis dahin in diesem Zusammenhang entstandene fehlgeleitete Politik zu bereinigen und zukünftig zu verhindern.

Aufgrund der durch die Politik nicht vorhergesehenen weiteren Entwicklung durch eine unklare Hartz IV-Gesetzgebung, übersteigen wahrscheinlich die geplanten sowie berechneten fiskalischen Gesamtkosten, die wahren fiskalischen Kosten der Arbeitslosigkeit. Diese Situation ist darauf zurückzuführen, dass eine auf die Reform folgende Klagewelle der betroffenen Arbeitslosengeld II Empfänger ausgelöst wurde. Die Zusammenhänge sollen im Folgenden genauer dargestellt und diskutiert werden.

8.2.2 Die Entwicklung des Arbeitsmarktes 2005 bis 2009

Infolge der Einführung der „Hartz IV-Grundsicherung" nahm die Zahl der Arbeitslosen explosionsartig zu. Viele ehemals als Sozialhilfeempfänger eingestufte, wurden nun zu registrierten Arbeitslosen und damit in der Arbeitslosen-Statistik erfasst. Aufgrund der bereits beschriebenen konjunkturellen Aufschwungsphase der Jahre 2006 und 2007 sanken die Arbeitslosenzahlen auf 3,78 Mio. im Jahresdurchschnitt 2007[222]. Das Ziel der Politik sollte es sein, die „verdeckte" Arbeitslosigkeit unter anderem aus

---

[221] vgl. Statistisches Bundesamt 2009, Deutsche Wirtschaft 1.Quartal 2009, S.2 & Abb. 10

[222] IAB-Kurzbericht, 14/2008, S. 2

fiskalischen Gründen nicht zu verbergen. Die nachstehende Abbildung 11 zeigt die „Entwicklung der Unterbeschäftigung in Deutschland". Das IAB unterscheidet hier die Stille Reserve in Maßnahmen und die Stille Reserve im engeren Sinne. Des Weiteren ist die Zahl der arbeitslosen Leistungsempfänger in Arbeitslosengeld I (SGB III) und Arbeitslosengeld II (SGB II – „Hartz-IV") unterschieden und für die Jahre 2001 bis 2007 anschaulich in Abbildung 11 dargestellt:

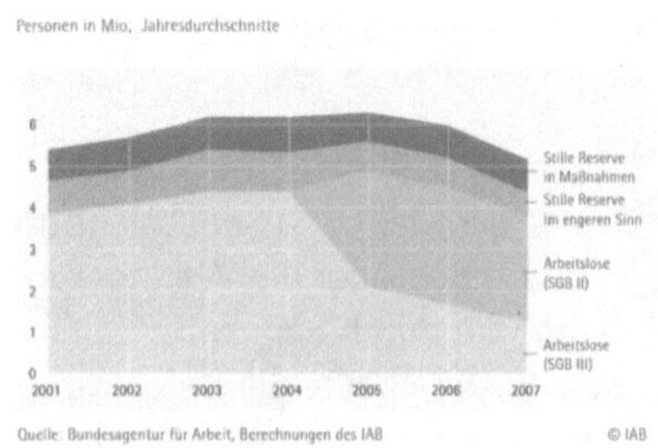

Abbildung 11: Entwicklung der Unterbeschäftigung in Deutschland - Registrierte Arbeitslosigkeit und Stille Reserve 2001 bis 2007

Quelle: Bundesagentur für Arbeit, Berechnungen des IAB; IAB-Kurzbericht, 14/2008, S. 2

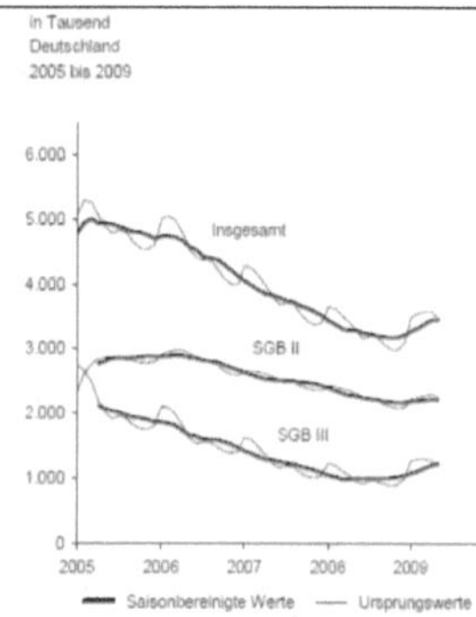

Abbildung 12: Arbeitslose nach Rechtskreisen

Quelle: http://www.pub.arbeitsamt.de /hst/services/statistik/000000/html/start /monat/aktuell.pdf, Stand: 05/2009

Abbildung 12 beschreibt die Entwicklung der Jahre 2005 bis 2009 (bis Mai) genauer, aufgeteilt nach Rechtskreisen (SGB II & SGB III). Seit dem Jahr 2007 ist die Zahl der Arbeitslosen weiter gesunken, bedingt durch die konjunkturelle Boomphase bis zum Herbst 2008. Im Mai 2008 wurde durch die Bundesagentur für Arbeit eine Quote der Arbeitslosigkeit von 7,8 Prozent für Gesamtdeutschland berechnet [223]. Aufgrund der Finanzkrise nahm diese zunächst leicht zu. Durch das Eingreifen der Regierung unter Kanzlerin Angela Merkel („Große Koalition") wurde die Bezugsdauer für das Kurzarbeitergeld drastisch verlängert. Die Unternehmen sind von Regierungspolitikern dazu aufgerufen worden auf die durch die Bundesagentur für Arbeit bereitgestellten Mittel zur Förderung der Kurzarbeit zurückzugreifen und nicht die Arbeitnehmer meist unwiederbringlich

[223] vgl. http://www.pub.arbeitsamt.de/hst/services/statistik/000000/html/start/monat/aktuell.pdf, S. 19, Stand: 06/2009

sofort zu entlassen. Befristet bis zum Ende des Jahres 2010 wurden von der Regierung diesbezüglich die neuen Regelungen des § 4 1t SGB III eingeführt [224]. Die Unternehmen folgten diesem Aufruf, auch aufgrund der Einsicht, dass das Unternehmen hohe Personalwechselkosten auffangen muss, die durch eine Kündigung eines Arbeitnehmers entstehen.

Somit wurde im Mai 2009 eine Arbeitslosenquote von 8,2 Prozent berechnet. Diese Zahlen sind relativ moderat, wenn die Schwere der Krise betrachtet wird, ersichtlich durch den BIP-Rückgang bis in das 1.Quartal 2009 [225]. Im Vergleich zum Vorjahr hat sich die Quote in den alten Bundesländern um 0,5 Prozent auf 6,9 Prozent erhöht. In den neuen Ländern verringerte sich die Quote um 0,1 Prozent auf 13,3 Prozent.

Zusammengefasst waren somit im Mai 2009 3.458 Mio.[226] Menschen arbeitslos gemeldet. Davon bezogen 35 Prozent Arbeitslosengeld I (SGB III) und 65 Prozent Arbeitslosengeld II (SGB III). Diesen Unterschied macht Abbildung 12 deutlich. Damit hat die Arbeitslosigkeit im Vergleich zum Vorjahr in Bezug auf die Leistungsempfänger für das Arbeitslosengeld I um 24 Prozent zugenommen und für das Arbeitslosengeld II um 2 Prozent abgenommen.

8.2.3 Die gesamtfiskalischen Kosten der Jahre 2004 bis 2007

Die gesamtfiskalischen Kosten sind die Entstehung der Ausgaben und Mindereinnahmen der öffentlichen Haushalte durch registrierte Arbeitslose (ohne die „Stille Reserve"). Die folgenden Zahlen beruhen auf Annahmen und fiktiven Größen. Es wird z.B. unterstellt, dass alle registriert Arbeitslose zu ihren bisherigen Konditionen (z.B. bisheriges bezogenes Gehalt) wiederbeschäftigt werden können.

Die im folgenden beschriebenen Zahlen bis in das Jahr 2007 beziehen sich auf die Modellrechungen des IAB und der öffentlich bekannten Zahlen der Bundesagentur für Arbeit bezüglich der entstandenen Arbeitslosigkeit in Deutschland. Wie schon in den vorangestellten Abschnitten werden auch hier die Kosten pro Arbeitslosen, die Transferleistungen je Arbeitslosen und die daraus resultierenden gesamtfiskalischen Kosten aus der registrierten Arbeitslosigkeit angegeben. Diese Kosten können in Versiche-

---

[224] IAB-Kurzbericht, 6/2009, S.4

[225] Abbildung 10

[226] vgl. http://www.pub.arbeitsamt.de/hst/services/statistik/000000/html/start/monat/aktuell.pdf, S. 15; Stand: 06/2009

rungsleistungen, Sozialleistungen, Mindereinnahmen an Steuern und Mindereinnahmen an Sozialbeiträgen unterteilt werden.

Vor dem abschließenden Umsetzen der „Hartz IV-Reformen" im Jahr 2005 entstanden dem Fiskus für das Jahr 2004 somit gesamtfiskalische Kosten von 92,2 Mrd. € [227]. Dies ist im übrigen der höchste Kostenbetrag für die Jahre 2001 bis 2007. Die folgende Grafik des IAB verdeutlicht die Gesamtkosten durch Arbeitslosigkeit für diese Jahre:

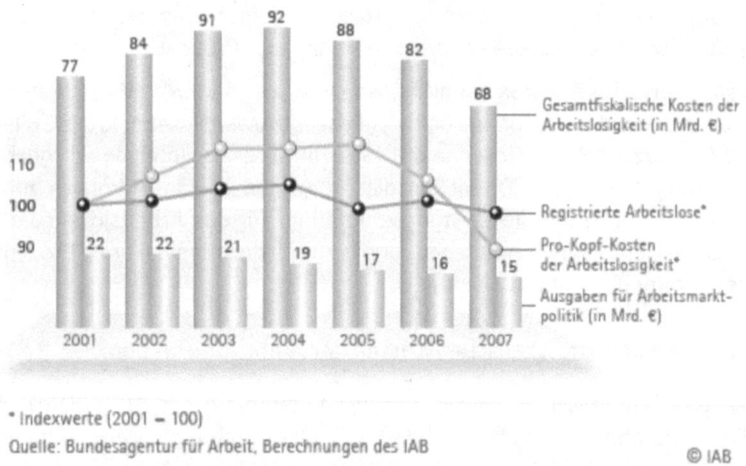

Abbildung 13: Gesamtfiskalische Kosten der Arbeitslosigkeit und Ausgaben für Arbeitsmarkpolitik 2001 bis 2007

Quelle: IAB-Kurzbericht 14/2008, S. 5

Ab dem Jahr 2005 sanken die Gesamt-Kosten bis zum Jahr 2007. Im Detail ergeben sich 87,7 Mrd. € in 2005; 82,2 Mrd. € in 2006 und 67,6 Mrd. € im Jahr 2007. Es wird erwartet das sich aufgrund des konjunkturellen Verlaufs, wie bereits in Abschnitt 8.2 dargestellt, noch einmal verringerte Kosten für das Jahr 2008 ergeben, diese dann aber für die Jahre 2009 und 2010 aufgrund der globalen Finanzkrise erheblich ansteigen werden.

Am Beispiel des Jahres 2007 soll kurz die Zusammensetzung der Gesamtkosten dargestellt werden. Es wurden anteilig 12,3 Mrd. € Kosten (18,1%) aus Versicherungsleistungen (Arbeitslosenversicherung – Arbeitnehmer & -geberanteile) gezahlt. 22,6 Mrd. € (33,5%) diesbezüglich aus Sozialleis-

---

[227] vgl. IAB-Kurzbericht 14/2008, Tabelle 1, S.4

tungen. 12,8 Mrd. € (18,6%) ergeben sich durch Mindereinnahmen aus Steuern, da keiner sozialversicherungspflichtigen Erwerbsarbeit nachgegangen wurde. 20,1 Mrd. € (29,8%) nahm die öffentliche Hand weniger ein, aufgrund des Wegfalls von Sozialbeiträgen durch die registrierte Arbeitslosigkeit. Damit berechnet sich ein finanzieller Gesamtkostenbetrag von 67,6 Mrd. €.

Die Kosten pro registrierten Arbeitslosen im Vergleich zum Jahr 2003 betrugen 300€ mehr für das Jahr 2004 mit insgesamt 19.200€. Im Jahr 2005 sinken diese Kosten auf 18.000€, um dann nochmals anzusteigen mit 18.300€ für das Jahr 2006. Im Jahr 2007 sind die Kosten pro Arbeitslosen im Vergleich zu den sechs Jahren zuvor mit 17.900€ auf dem niedrigsten Stand.

Es ist bemerkenswert das die Transferleistungen je Arbeitslosen nahezu gleich geblieben sind: 6.900€ in 2004, 6.500€ in 2005, 6.700€ in 2006 und 6.800€ im Jahr 2007. Die reinen Transferleistungen an registrierte Arbeitslose machen letztendlich 38% der gesamten fiskalischen Kosten aus. Interessant ist die Differenzierung nach Rechtskreisen für das Jahr 2007. So ergibt sich für Alg I (21% der registriert Arbeitslosen) ein Betrag von 22.700€ pro Person und Jahr. Für die Alg II Empfänger ergibt sich ein Kostenbetrag von 18.300€ (64% der registriert Arbeitslosen) pro Mensch. Für Personen, die keine Leistungen beziehen betrugen die Kosten pro Kopf dennoch 9.500€ (15% aller registriert Arbeitslosen).

Beim Vergleich der Jahre 2005 und 2007 können folgende Aussagen aufgrund der Berechnungen gemacht werden. Für das Jahr 2005 sind 53 % der Gesamtkosten Ausgaben mit rund 45 Mrd. €. Im Jahr 2007 also nach der umgesetzten Arbeitsmarktreform waren das lediglich 35 Mrd. € (52%) Ausgabenanteil für Arbeitslosengeld I und II inklusive der abgeführten Sozialversicherungsbeiträge. Das Arbeitslosengeld II beinhaltet dabei die Kosten für Wohnung, Heizung, Mehrbedarfe für im Haushalt mit wohnende Angehörige sowie Zuschläge beim Übergang von Empfängern von Alg I in Alg II.

Der Verlust aus Einnahmen für den Staat aufgrund von Arbeitslosigkeit beträgt für das Jahr 2005 43Mrd. € (47% der Gesamtkosten). Zwei Jahre später wurden nur noch 33 Mrd. € (48%) an Einnahmeausfällen berechnet. Diese ergeben sich aus nicht gezahlten Steuern und Sozialbeiträgen durch nicht vorhandene sozialversicherungspflichtige Beschäftigung. Die Sozialversicherungsträger, wie die Renten-, Pflege-, Krankenversicherung (14 % der Gesamtkosten) und die Bundesagentur für Arbeit haben damit geringere Einnahmen zu beklagen, da der Staat für die registrierten Arbeitslosen weniger in die Kassen einzahlt als bei regelmäßig gezahlten hundertprozentigen Erwerbseinkommen.

8.3 Finanziell kurzfristige Erfolge der Arbeitsmarktreform

Die Zahlen aus dem vorangegangen Abschnitt stellen folgendes klar. Die gesamtfiskalischen Kosten sind im Vergleich der Jahre 2005 bis 2007 um ca. 20 Mrd. € gesunken, obwohl versteckte zusätzliche Gesamtkosten der Arbeitslosigkeit aufgedeckt wurden. Durch die Eingliederung der nach dem alten Gesetz vorhandenen Sozialhilfeempfänger in den Rechtskreis SGB II wurden diese verdeckten Kosten sichtbar. Schätzungsweise betrugen diese Kosten für die Gruppe Sozialhilfeempfänger, die jedoch nicht arbeitslos registriert waren rund 6 Mrd. € [228]. Ein Erfolg der Reform war es, diese Kosten offen zu legen und die Problematik öffentlich zu machen. Ob diese Menschen auch erfolgreich in den ersten Arbeitsmarkt integriert werden konnten und künftig integriert werden können, bleibt fraglich. Hier sind die neuen Maßnahmen der gegenwärtigen und künftigen Arbeitsmarktpolitik zur Vermittlung Langzeitarbeitsloser stärker gefordert den je. Die Frage nach geeigneten Maßnahmen vor allem für Langzeitarbeitslose, wie schon in den vorangegangenen Abschnitten beschrieben, ist auch durch die Arbeitsmarktreform nicht besser beantwortet worden. Die endgültige Lösung der Problematik stetig steigender Sockelarbeitslosigkeit in Deutschland bleibt damit offen und gegenwärtig ungelöst.

Bereits im Reformjahr 2005 sind die gesamtfiskalischen Kosten um 5% gesunken und es wurde der endgültige Stopp des laufenden Anstiegs dieser Kosten als Erfolg gefeiert. In den Jahren 2004 bis 2007 wurde eine Kostensenkung um 27% (24,6 Mrd. €) berechnet. Der Rückgang ist wahrscheinlich zum großen Teil auf die bessere konjunkturelle Lage und den damit einhergehenden Abbau der Arbeitslosigkeit um 22 % zurückzuführen. Zudem verursachen Alg II Empfänger weniger Transferleistungen als die Arbeitslosenhilfe-Empfänger, die es noch unter dem alten Arbeitsmarktgesetz bis zum Jahr 2004 gab. Dieser letzte Aspekt kann in kostenpolitischer Hinsicht als Erfolg der Arbeitsmarktreform gewertet werden, sollte meiner Meinung nach jedoch erst langfristig über mehrere Konjunkturzyklen betrachtet werden. Ob die Arbeitsmarktreform damit auch in humanistischer Hinsicht ein Erfolg ist, wird in der Gesellschaft bezweifelt und ist somit stark umstritten.

---

[228] vgl. IAB-Kurzbericht 14/2008, Tabelle 1, S.5

8.4 Offen gebliebene Fragen der Arbeitsmarktreform

8.4.1 Die neue Gesetzgebung

Ein anderer Aspekt sind Reibungspunkte juristischer Natur. Viele Alg II Empfänger fühlen sich aufgrund der neuen Gesetze ungerecht behandelt und es kommt teilweise zu gewalttätigen Übergriffen in den Büros der Leistungsabteilung der BA.

Ein Beispielfall ist der von Autorin Mareke Aden im Spiegel beschriebenen, des sich in Arbeitslosengeld II befindlichen Arbeitslosen Hans-Jürgen Sch., der ein durch die Arbeitsagentur überzahltes Transfergeld von 4.800€ in bar vor Ort zurückzahlen wollte. Die Sachbearbeiterin verweigerte ihm die Annahme des Geldes aus Regelgründen. Daraufhin beschloss Herr Sch. das Geld zunächst selber einzubehalten und erhielt einen Bescheid zur Rückzahlung des annähernd doppelten Betrages, also 8.676€. Daraufhin klagte Herr Sch. beim Berliner Sozialgericht und wurde damit vom „Kunden" der BA zum „Prozessgegner" degradiert. Das „Reformpaket entpuppt sich dadurch als Jobmaschine für Juristen"[229], eine Art „ungewolltes Konjunkturpaket" hervorgerufen durch die Arbeitsmarktreform.

Viele weitere Fälle folgten. Eine Klagewelle wurde durch die Arbeitsmarktreform ausgelöst. Die Kosten der juristischen Auseinandersetzungen tragen die öffentliche Hand und damit auch der Steuerzahlende. Die Anwaltskosten können für den Alg II Empfänger durch die Prozesskostenhilfe beantragt und bewilligt werden. Die Länder übernehmen überwiegend diese Kosten.

Es gab viele Urteile bei den Sozialgerichten, die auch zugunsten der Arbeitslosen ausfielen. Die Gerichtskosten, durch eine nicht bis ins Detail durchdachte Gesetzgebung sollten an dieser Stelle nicht unbeachtet bleiben. Inwieweit sich diese nicht zum derzeitigen Zeitpunkt nachvollziehbaren und kaum berechenbaren Kosten der Arbeitslosigkeit den Erfolg der berechneten fiskalischen Kosten zunichte machen, kann nur fiktiv und damit nicht aussagekräftig genug dargestellt werden. Fakt ist, dass diese Kosten durch eine nachgebesserte und meiner Meinung nach schneller durchführbare Gesetzeslage, gesenkt werden könnten. Hier steht die Politik der Regierung in der Verantwortung eine vor allem eindeutige, schnell nachvollziehbare Gesetzgebung ausarbeiten zu lassen, um die bei den Sozialgerichten für diese Problematik neu eingesetzten Richter und

---

[229] Mareke Aden, Die große Geldvernichtung, DER SPIEGEL 7/2007, S. 32

natürlich auch die Arbeitslosen selbst, nicht von vornherein zu überfordern.

Das Problem der unsicheren Gesetzgebung sollte gerade in Hinsicht auf die kommenden Jahre mit steigenden Arbeitslosenzahlen und damit mehr Transferzahlungsempfängern in Alg II, auf das dringlichste gelöst werden. Die bisherige Klagewelle entstand in wirtschaftlich guten Zeiten (konjunkturelle Boomphase) mit daraus sich ergebenden sinkenden Arbeitslosenzahlen. Eine weitere Welle von juristischen Auseinandersetzungen zwischen Staat und Arbeitslosen und damit ein Ansteigen der Kosten der Arbeitslosigkeit wird aktuell durch das IAB, aufgrund der derzeitigen Wirtschaftskrise prognostiziert[230].

8.4.2 „Ein-Euro Jobs" für Alg II Empfänger

Mit den Hartz-Reformen wurden auch die umgangssprachlich so genannten „Ein-Euro Jobs" eingeführt. Das sind nach § 16d SGB II „Arbeitsgelegenheiten ... für erwerbsfähige Hilfebedürftige ... im öffentlichen Interesse ..." [231]. Demnach bekommen die Alg II Empfänger Arbeitsgelegenheiten vermittelt, die sie annehmen müssen, damit ihnen die Transferzahlung nicht sanktioniert wird (§ 31 Abs. 1 Satz 1 Nr. 1c und 1d SGB II). Diese Arbeit wird ihnen mit 1€ bis 2,50€ zusätzlich zur Grundsicherung „für Mehraufwendungen ... entschädigt".

Diese Maßnahme ist in der Gesellschaft sehr umstritten. Für die Befürworter dieser Maßnahme treten zwei Argumente hervor. Die Aneignung von Qualifikationen in einer Branche sowie die Förderung des sich Einbringens in die Gesellschaft durch einen geregelten Tagesablauf. Kurz gefasst, der nur schwer vermittelbare Arbeitslose soll durch diese Maßnahme wieder in den ersten Arbeitsmarkt integriert werden[232]. Insbesondere für arbeitslose Personen, die die Möglichkeit hätten wieder im ersten Arbeitsmarkt Fuß zu fassen, aber diese Möglichkeit aus ursächlicher Antriebslosigkeit oder Resignation nicht nutzen, scheint die Maßnahme angemessen zu sein.

Die Kritiker der „Ein-Euro Jobs", wie z.B. die Dienstleistungsgewerkschaft Verdi argumentiert mit der Verdrängung sozialversicherungspflichtiger Beschäftigung. So „ersetzte" z.B. „in Gummersbach ein Krankentranspor-

---

230 http://www.bafoeg-aktuell.de/News/2009/02/03/iab-fuerchtet-hartz-iv-scheitern-in-der-krise/, Stand: 06/2009

231 http://bundesrecht.juris.de/sgb_2/__16d.html, Stand: 06/2009

232 http://www.arbeitsagentur.de/nn_25810/Navigation/zentral/Buerger/Arbeitslos/Alg-II/Chancen/Zusatzjobs/Zusatzjobs-Nav.html, Stand: 06/2009

teur fest angestellte Fahrer durch vom Krankenhaus ausgeliehene Ein-Euro-Kräfte"[233]. Daher fordert Verdi gemeinsam mit dem Zentralverband des Deutschen Handwerks das die Zahl der Ein-Euro-Jobs gesenkt wird. Damit würden auch die Kosten der Arbeitslosigkeit gesenkt.

Für die Politik bedeutet das, darauf zu achten, dass auch den Menschen die zu ihrem Lebenslauf passenden Arbeitsgelegenheiten zu vermitteln. D.h. einen arbeitslosen Akademiker zur Gartenarbeit zu nötigen, sollte doch vermieden werden, da hierbei die Wahrscheinlichkeit größer sein wird, eher Resignation und Aggressionen bei den Betroffenen zu schüren, als dem Menschen mit der Stärkung seines Selbstwertgefühls zu helfen. Zudem ist es wichtig nur Arbeitsgelegenheiten in solche Arbeitbereiche zu vermitteln, in denen keine sozialversicherungspflichtige Arbeit verdrängt wird. Kontrollen müssen stichprobenartig erfolgen und entsprechende Hinweise über die Ausbeutung von Menschen, aber auch des Staates und damit der Steuerzahler ernst genommen werden, da ansonsten die Kosten der Arbeitslosigkeit unnötig ansteigen werden.

8.5 Fazit des Nachtrags (Juni 2009)

Abschließend kann folgendes für die Jahre nach der Arbeitsmarktreform im Jahr 2005 bezüglich der Kosten der Arbeitslosigkeit in Deutschland zusammengefasst werden. Die gesamtfiskalischen Kosten betrugen im Jahr 2007 fast 67,6 Mrd. €. Im Vergleich zum Jahr 2005 sind das ca. 25 Mrd. € (27%) weniger. Die Arbeitsmarktreformen haben dabei einen weniger erfolgreichen Aspekt aufgrund der seit 2005 stattfindenden Klagewelle der Alg II Empfänger. Den größeren Effekt einer maßgeblichen Senkung der Kosten der Arbeitslosigkeit hatte wahrscheinlich die gute wirtschaftliche Entwicklung (Boomphase 2005 bis 2008) mit einer nachfolgenden deutlichen Senkung der Arbeitslosenzahlen um 22 %. Dabei sanken die Kosten pro Kopf um ca. 7%. Erfolgreich war die Arbeitsmarktreform, indem sie verdeckte Kosten für ehemalige Sozialhilfeempfänger aufdeckte und diesen Menschen durch die Integration in den Rechtskreis SGB II verbesserte Chancen auf Arbeit bietet. Eindeutig benachteiligt sind die Arbeitslosenhilfeempfänger, die durch die Zusammenlegung in Alg II nach den neuen „Hartz IV-Gesetze" eindeutig weniger Transferzahlungen beziehen.

Es bleibt abzuwarten, welche Auswirkungen die kommenden Jahre des Abschwungs bringen werden und wie die neue Regierung ab Herbst 2009

---

[233] http://www.handelsblatt.com/politik/deutschland/kosten-fuer-arbeitslose-steigen-unerwartet-stark;889194, Stand: 06/2009

hinsichtlich Arbeitslosigkeit reagiert. Eine abschließende langfristige Betrachtung bis in das Jahr 2012 wird interessant sein und genauere Details liefern, inwieweit die Gesetzgebung der jeweiligen wirtschaftlichen Situation angepasst werden muss. Wünschenswert ist eine stärkere Senkung der Kosten der Arbeitslosigkeit, um mehr Gelder zur erfolgreichen Vermittlung von Arbeit zur Verfügung zu haben und den arbeitslosen Menschen damit aus seiner Perspektivlosigkeit zu holen.

Literaturverzeichnis

agis texte (1992), Die Marienthal-Studie – 60 Jahre später. Marie Jahoda zum fünfundachtzigsten Geburtstag, eingeleitet von Ali Wacker, agis texte Band 2, Hannover

Aiken, Michael (1968), Economic Failure, Alienation and Extremism, Ann Arbor, The University of Michigan Press

Albach, Horst (1996), Die Beschäftigungsentscheidung der Unternehmungen, Arbeitslosigkeit aus betriebswirtschaftlicher Sicht, discussion papers, Wissenschaftszentrum Berlin für Sozialforschung gGmbH

Amtliche Nachrichten der Bundesagentur für Arbeit (ANBA), Arbeitsmarkt 2000, 49.Jahrgang, Sondernummer, Nürnberg 28.Juni 2001 [Siehe CD-ROM]

Amtliche Nachrichten der Bundesagentur für Arbeit (ANBA), Arbeitsmarkt 2002, 51.Jahrgang, Sondernummer, Nürnberg 18.Juni 2003
[Siehe CD-ROM]

Amtliche Nachrichten der Bundesagentur für Arbeit (ANBA), Arbeitsmarkt 2003, 52.Jahrgang, Sondernummer, Nürnberg 15.Juli 2004
[Siehe CD-ROM]

Arbeitsmarktreport Berlin Nord, Berichtsmonat 2005, Presseinformationen 04/05, Bundesagentur für Arbeit, Berlin
[Siehe CD-ROM]

Ashton, David N. (1986), Unemployment under Capitalism, The Sociology of British and American Labour Markets, The Harvester Press Publishing Group, Brighton, Sussex

Auxel, Cornelia (1992), Die gesamtwirtschaftlichen Kosten der Arbeitslosigkeit, Manuskripte 10, Beratungsstelle für arbeitsorientierte Strukturentwicklung in Sachsen e.V. (BASIS), Dresden

Bach, Hans-Uwe / Spitznagel, Eugen (2003), Was kostet uns die Arbeitslosigkeit? Gesamtfiskalische Modellrechnung, IAB Kurzbericht, Aktuelle Analysen aus dem IAB der Bundesanstalt für Arbeit, Ausgabe Nr.10 / 21.7.2003, Nürnberg, [Siehe CD-ROM]

Bardeleben, Richard / Beicht Ursula / Fehér Kálmán (1995), Betriebliche Kosten und Nutzen der Ausbildung, Repräsentative Ergebnisse aus Industrie, Handel und Handwerk, W. Bertelsmann Verlag, Bielefeld

Bartsch Klaus / Heise A. / Mülhaupt B. / Seifert H. (1997), Szenarien zur Halbierung der Massenarbeitslosigkeit, Ergebnisse der Simulation von sieben Politikbündeln mit dem ökonometrischen Modell für die Bundesrepublik LAPROSIM, Expertise des Wirtschafts- und Sozialwissenschaftlichen Instituts (WSI) in der Hans-Böckler-Stiftung, Düsseldorf

Behle, Heike (2001), Die Stärkung der seelischen Gesundheit arbeitsloser Jugendlicher, Eine Analyse zum Sofortprogramm zum Abbau von Jugendarbeitslosigkeit (JUMP), in: Mitteilungen aus der Arbeitsmarkt- und Berufsforschung (MittAB), 34. Jg. (2001), S. 461 – 478, [Siehe CD-ROM]

Beißinger, Thomas (1997), Inflation und Arbeitslosigkeit in der Bundesrepublik Deutschland, Eine Analyse anhand von Modellen mit unvollkommenem Wettbewerb, Metropolis-Verlag, Marburg

Braun, Reiner / Dallmann, Bernd (1998), Neue Arbeitslosigkeit, neue Ungleichheit: Strategien zur Expansion des Arbeitsmarktes für Niedrigqualifizierte, Diskussionspapier unter Federführung von Ulrich Pfeiffer – Electronic ed.- Friedrich-Ebert-Stiftung-Library – Bonn, [Siehe CD-ROM]

Brinkmann, Christian (1981), Finanzielle und psycho-soziale Belastung während der Arbeitslosigkeit, in: Wacker, Ali: Vom Schock zum Fatalismus?, Soziale und psychische Auswirkungen der Arbeitslosigkeit, Campus Verlag, Frankfurt/New York, S. 57 - 91

Brinkmann, Christian / Schober Karen (1982), Methoden und erste Ergebnisse aus der Verlaufsuntersuchung des IAB bei Arbeitslosen (Zugänge November 1981), in Mitteilungen aus der Arbeitsmarkt- und Berufsforschung (MittAB), 15.Jg/1982, S. 408 – 425, [Siehe CD-ROM]

Brinkmann, Christian / Potthoff, Peter (1983), Gesundheitliche Probleme in der Eingangsphase der Arbeitslosigkeit, in: Mitteilungen aus der Arbeitsmarkt- und Berufsforschung (MittAB), 16.Jg/1983, S. 378 – 394, [Siehe CD-ROM]

Brinkmann, Christian (1984), Die individuellen Folgen langfristiger Arbeitslosigkeit, in: Mitteilungen aus der Arbeitsmark- und Berufsforschung (MittAB), 17.Jg/1984, S. 454 – 473, [Siehe CD-ROM]

Brinkmann, Christian / Klauder, W./ Reyher L./ Thon, M. (1987); Methodische und inhaltliche Aspekte der Stillen Reserve, in: Mitteilungen aus der Arbeitsmarkt- und Berufsforschung (MittAB), 20. Jg. (1987), S. 387 – 409, [Siehe CD-ROM]

Bundesministerium für Wirtschaft und Arbeit (2003), Die Hartz-Reformen, ein Beitrag zur Lösung des Beschäftigungsproblems?, Dokumentation Nr. 518, Referat Öffentlichkeitsarbeit

Buslei Hermann / Steiner Viktor (2000), Beschäftigungseffekte und fiskalische Kosten von Lohnsubventionen im Niedriglohnbereich, in: MittAB 33. Jg. / 1 / 2000, S. 54-67, Nürnberg, S. 54 – 67, [Siehe CD-ROM]

Buslei Hermann / Steiner Viktor (2003), Anreizwirkungen von Lohnsubventionen – Welche Bedeutung haben sie für die aktuelle Reformdiskussion?, Vierteljahrshefte zur Wirtschaftsforschung, 72 (2003), 1, S. 94 – 108, DIW Berlin und Freie Universität Berlin, S. 94 – 108, [Siehe CD-ROM]

Corneo, Giacomo (2003), Öffentliche Finanzen: Ausgabenpolitik, Neue ökonomische Grundrisse, herausgegeben von Rudolf Richter, Mohr Siebeck Verlag, Tübingen

Deeke, Axel (1988), Betriebliche Rekrutierungsstrategien bei hoher Arbeitslosigkeit, in: Individuelle und sozialstrukturelle Folgen der Massenarbeitslosigkeit, Autorengemeinschaft, Arbeitspapier 1988-1, Arbeitskreis Sozialwissenschaftlicher Arbeitsmarktforschung (SAMF), S. 147 - 203

Dongens, Jürgen B. / Freytag Andreas (2001), Allgemeine Wirtschaftspolitik, Lucius & Lucius Verlagsgesellschaft mbH Stuttgart

Eberhart, David (1998), Massenarbeitslosigkeit und Neoliberalismus, Ein wirtschaftliches Konzept auf dem Prüfstand, ibidem-Verlag, Stuttgart

Fertig, M. / Kluve, J. u.a. (2004), Die Hartz-Gesetze zur Arbeitsmarktpolitik, Ein umfassendes Evaluationskonzept, Heft 74, Duncker & Humblot – Verlag, Berlin

Friedrich, Jürgen (1981), Grundlagen der Soziologie, Ein Lehr- und Arbeitsbuch, Haag + Herchen Verlag, Frankfurt a. M.

Hagen, Tobias / Steiner, V. (2000), Von der Finanzierung der Arbeitslosigkeit zur Förderung von Arbeit, Analysen und Handlungsempfehlungen zur Arbeitsmarkpolitik, Schriftenreihe des ZEW, Nomos Verlagsgesellschaft, Baden-Baden

Hinrichs, Jutta / Giebel–Felten E. (2002), Die Entwicklung des Arbeitsmarktes 1962 – 2001, Arbeitspapiere Nr.82 herausgegeben von der Konrad-Adenauer-Stiftung e.V., Sankt Augustin, [Siehe CD-ROM]

Hollederer, Alfons (2002), Arbeitslosigkeit und Gesundheit, Ein Überblick über empirische Befunde und die Arbeitslosen- und Krankenkassenstatistik, in: MittAB, 35.Jg/2002, S. 411 – 428, [Siehe CD-ROM]

Hradil, Stefan (2001), Soziale Ungleichheit in Deutschland, 8. Auflage, Leske + Budrich, Opladen 2001

Hummel, Marlies (1997), Stärken und Schwächen, Deutschlands Stellung im internationalen Wettbewerb um Einkommen und Arbeitsplätze, in: Turbokapitalismus – Gesellschaft im Übergang ins 21. Jahrhundert, Hamburg

IAB-Kurzberichte, 6/2009, (S.9 bis 12) & 14/2008

Jahoda, Marie (1995), Wieviel Arbeit braucht der Mensch? , Arbeit und Arbeitslosigkeit im 20.Jahrhundert, herausgegeben von Dieter Frey, Beltz Psychologie Verlags Union, Weinheim

Jahoda, Marie / Lazarsfeld, P. / Zeisel, H. (1975), Die Arbeitslosen von Marienthal, Ein soziographischer Versuch über die Wirkungen langandauernder Arbeitslosigkeit, Suhrkamp Verlag, Allensbach und Bonn

Kapp, K. William (1958), Volkswirtschaftliche Kosten der Privatwirtschaft, Paul Siebeck – Tübingen & Polygraphischer Verlag AG. – Zürich

Karl Marx - Friedrich Engels - Werke, Band 23, "Das Kapital", Bd. I (1890), Dietz Verlag, Berlin/DDR 1968

Kieselbach, Thomas (1988), Arbeitslosigkeit, in: R. Asanger & G. Wenniger (Hrsg.), Handwörterbuch der Psychologie (4.Auflage), Psychologie Verlags Union, München, S. 42 - 51

Kieselbach, Thomas (1992), Arbeitslosigkeit und Gesundheit, Neuere Ergebnisse der psychologischen Arbeitslosigkeitsforschung, Band IV der Reihe Psychologie sozialer Ungleichheit, Studien Verlag, Weinheim

Koller, Martin (1979), Die Kosten der Erwerbslosigkeit, Mitteilungen aus der Arbeitsmarkt- und Berufsforschung, 12.Jg/1979, Tümmels Buchdruckerei und Verlag GmbH, Nürnberg, S. 186 – 191, [Siehe CD-ROM]

Mareke Aden (2007), Die große Geldvernichtung, DER SPIEGEL 7/2007, S. 32

Meyers Grosses Taschenlexikon (1999), in 25 Bänden, Bibliographisches Institut & F.A. Brockhaus AG, Mannheim

Mohr, Gisela (1997), Erwerbslosigkeit, Arbeitsplatzunsicherheit und psychische Befindlichkeit, Wirtschaftspsychologie Band 5, Peter Lang – Europäischer Verlag der Wissenschaften, Frankfurt a. M.

Rahmann, Bernd (1987), Haushaltskonsolidierung und Unterbeschäftigung – Theoretische Überlegungen zur Koexistenz von so genannter fiskalischer und kapitalistischer Arbeitslosigkeit, in: Arbeitspapiere aus dem Arbeitskreis SAMF, 1988-1, Individuelle und sozialstrukturelle Folgen der Massenarbeitslosigkeit, Autorengemeinschaft, Paderborn, S. 43 - 63

Reinberg, Alexander / Hummel Markus (2003), Steuert Deutschland langfristig auf einen Fachkräftemangel zu? IAB – Kurzbericht, Ausgabe Nr. 9 / 7.7. 2003; Online: http://doku.iab.de/kurzber/2003/kb0903.pdf, [Siehe CD-ROM]

Resetka, Hans-Jürgen / Liepmann Detlev / Frank, Gerhard (1996), Qualifizierungsmaßnahmen und psychosoziale Befindlichkeit bei Arbeitslosen, Wirtschaftspsychologie, Band 3, Peter Lang, Europäischer Verlag der Wissenschaften

Samuelson, Paul / Nordhaus, William (1998), Economics, sixteenth edition, international edition

Schmitz, Michael (1995), Wendestress, Die psychosozialen Kosten der deutschen Einheit, Rowohlt Verlag, Berlin

Schober, Karen (1987), Die soziale und psychische Lage arbeitsloser Jugendlicher, in: Mitteilungen aus der Arbeitsmarkt- und Berufsforschung (MittAB), 20 Jg./1987, Nürnberg, S. 453 – 478, [Siehe CD-ROM]

Sozialgesetzbuch (SGB)
Siehe Internetverzeichnis: http://www.bmgs.bund.de/download/gesetze

Spitznagel, Eugen / Bach, H. (2000), Volkswirtschaftliche Kosten der Arbeitslosigkeit und gesamtfiskalische Budgeteffekte arbeitsmarktpolitischer Maßnahmen, MittAB 33.Jg./2000, Nürnberg, S. 500 – 517, [Siehe CD-ROM]

Statistisches Bundesamt (2002), Datenreport 2002, Bundeszentrale für politische Bildung, Bonn

Statistisches Bundesamt (2009), Deutsche Wirtschaft 1.Quartal 2009, S.2

ver.di Bundesvorstand Berlin (2005), Mythos „Lohnnebenkosten", Wirtschaftspolitische Informationen 1 / 2005, Bereich Wirtschaftspolitik – Februar 2005, Internet: http://www.wipo.verdi.de, [Siehe CD-ROM]

Wacker, Ali (1976), Arbeitslosigkeit, soziale und psychische Voraussetzungen und Folgen, Europäische Verlagsanstalt, Frankfurt a. M. / Köln / Hannover

Wacker, Ali (1981), Vom Schock zum Fatalismus?, soziale und psychische Auswirkungen der Arbeitslosigkeit, Campus Verlag, Frankfurt/New York

Warr, Peter (1984), Economic Recession and Mental Health: A Review of Research, in : Tijdschrift voor Sociale Gezondheidszorg 62, Nr. 8

Winkler, Christian (2002), Realoptionsansatz und Beschäftigungsentscheidungen von Unternehmen, Ursachen für Hysterese am Arbeitsmarkt aus investitionstheoretischer Perspektive, 1. Auflage, Deutscher Universitäts-Verlag GmbH, Wiesbaden

Wöhe, Günter (1996), Einführung in die Allgemeine Betriebswirtschaftslehre, 19. Auflage, Verlag Vahlen, München

Zenke, Karl G. / Ludwig Günter (1985), Kinder arbeitsloser Eltern, in: MittAB 18.Jg / 1985, S. 265 – 278, [Siehe CD-ROM]

Zimmermann, Peter (1988), Die Kosten der Arbeitslosigkeit, Entstehung, Ausmaß und Verteilung, Inaugural-Dissertation, Eberhard-Karls-Universität Tübingen

Internetverzeichnis

http://www.arbeitsamt.de
http://www.pub.arbeitsamt.de
http://www.bafoeg-aktuell.de
http://www.bmgs.bund.de/download/gesetze_web/sgb03
http://www.bpb.de/wissen
http://bundesrecht.juris.de
http://www.destatis.de/presse/deutsch
http://www.doku.iab.de/presse/2004/info-KostenALO.pdf
http://www.gesamtmetall.de/gesamtmetall/meonline.nsf
http://www.handelsblatt.com
http://www.iab.de
http://www.sachverstaendigenrat-wirtschaft.de
http://www.sozialpolitik-aktuell.de
http://www.wikipedia.org
http://www.wipo.verdi.de

Anhang

Anhang 1: Erwerbstätigkeit und Arbeitslosigkeit 1970 bis 2003

Jahr[1]	Erwerbspersonen[2]	Erwerbsquoten der Wohnbevölkerung: insgesamt[3]	Erwerbsquoten der Wohnbevölkerung: 15- bis unter 65-Jährigen[4]	Erwerbstätige[5]: im Inland insgesamt	Erwerbstätige[5]: Inländer insgesamt	Inländer darunter: Arbeitnehmer zusammen	Inländer darunter: Arbeitnehmer darunter Ausländer[6][7]	Nachrichtlich Pendlersaldo[8]	Erwerbslose[2]	Nachrichtlich: Registrierte Arbeitslose[7]	Nachrichtlich: Arbeitslosenquote[7][9]	Nachrichtlich: Gemeldete Stellen[7]
	Tausend	vH	vH	Tausend Personen							vH	Tausend
	Früheres Bundesgebiet											
1970	26 827	*44,2*	66	26 618	26 724	22 299		- 106	103	149	*0,7*	.
1971	26 953	*44,0*	66	26 720	26 821	22 647		- 101	132	185	*0,8*	.
1972	27 134	*44,0*	*66,8*	26 860	26 957	22 911		- 97	177	246	*1,1*	.
1973	27 471	*44,3*	*66,9*	27 173	27 263	23 313		- 90	208	273	*1,2*	.
1974	27 334	*44,0*	*66,6*	26 900	26 988	23 178	2 331	- 88	346	582	*2,6*	.
1975	26 920	*43,5*	*66,6*	26 221	26 307	22 642	2 071	- 86	613	1 074	*4,7*	.
1976	26 847	*43,6*	*66,2*	26 125	26 213	22 720	1 937	- 88	634	1 060	*4,6*	235
1977	26 860	*43,7*	*66,4*	26 174	26 260	22 900	1 889	- 86	600	1 030	*4,5*	231
1978	27 085	*44,2*	*66,4*	26 433	26 519	23 216	1 869	- 86	566	993	*4,3*	246
1979	27 503	*44,8*	*66,8*	26 938	27 019	23 791	1 934	- 81	484	876	*3,8*	304
1980	27 935	*45,4*	*67,1*	27 377	27 452	24 239	2 072	- 75	483	889	*3,8*	308
1981	28 280	*45,8*	*66,9*	27 404	27 482	24 298	1 930	- 78	798	1 272	*5,5*	208
1982	28 576	*46,4*	*66,9*	27 183	27 274	24 127	1 809	- 91	1 302	1 833	*7,5*	105
1983	28 881	*47,0*	*66,2*	26 940	27 031	23 914	1 714	- 91	1 850	2 258	*9,1*	76
1984	29 180	*47,7*	*66,5*	27 155	27 250	24 137	1 593	- 95	1 930	2 266	*9,1*	88
1985	29 608	*48,5*	*67,2*	27 533	27 632	24 514	1 584	- 99	1 976	2 304	*9,3*	110
1986	29 964	*49,1*	*67,7*	28 058	28 157	25 015	1 592	- 99	1 807	2 228	*9,0*	154
1987	30 289	*49,6*	*68,2*	28 429	28 530	25 416	1 589	- 101	1 759	2 229	*8,9*	171
1988	30 680	*49,9*	*68,8*	28 821	28 920	25 811	1 624	- 99	1 760	2 242	*8,7*	189
1989	31 045	*50,0*	*69,0*	29 353	29 450	26 316	1 689	- 97	1 595	2 038	*7,9*	251
1990	31 699	*50,1*	*70,8*	30 276	30 276	27 116	1 782	0	1 423	1 883	*7,2*	314
1991	32 136	*50,2*	*70,5*	31 116	30 870	27 667	1 899	246	1 266	1 689	*6,3*	331
	Deutschland											
1991	40 632	*50,8*	*72,6*	38 454	38 499	34 919		- 45	2 133	2 602	.	363
1992	40 395	*50,1*	*72,4*	37 878	37 885	34 243		- 7	2 510	2 979	*7,7*	356
1993	40 376	*49,7*	*71,9*	37 365	37 356	33 667		9	3 020	3 419	*8,9*	279
1994	40 501	*49,7*	*72,1*	37 304	37 279	33 491		25	3 222	3 698	*9,6*	285
1995	40 445	*49,5*	*71,9*	37 382	37 330	33 498		52	3 115	3 612	*9,4*	321
1996	40 606	*49,6*	*71,4*	37 270	37 210	33 371	2 050	60	3 396	3 965	*10,4*	327
1997	40 932	*49,9*	*71,7*	37 208	37 145	33 231	1 998	63	3 787	4 384	*11,4*	337
1998	41 148	*50,2*	*71,7*	37 616	37 554	33 580	2 024	62	3 594	4 279	*11,1*	422
1999	41 339	*50,4*	*72,2*	38 071	38 006	34 067	1 915	65	3 333	4 100	*10,5*	456
2000	41 746	*50,8*	*72,1*	38 748	38 681	34 680	2 008	67	3 065	3 890	*9,7*	515
2001	41 972	*51,0*	*72,6*	38 922	38 863	34 786	1 979	59	3 109	3 853	*9,4*	507
2002	42 080	*51,0*	*72,8*	38 696	38 642	34 545	1 902	54	3 438	4 061	*9,8*	452
2003	42 103	*51,0*	*73,3*	38 314	38 265	34 096	1 795	49	3 838	4 377	*10,5*	355

1) Ab 2001 vorläufige Ergebnisse. - 2) Inländerkonzept; nach dem ESVG 1995. - 3) Anteil der Erwerbspersonen (Erwerbstätige und Erwerbslose) an der Wohnbevölkerung insgesamt. - 4) Anteil der Erwerbspersonen im Alter von 15 bis unter 65 Jahren an der Wohnbevölkerung in diesem Alter nach den Ergebnissen des Mikrozensus. - 5) Arbeitnehmer, Selbständige und mithelfende Familienangehörige. - 6) Sozialversicherungspflichtig Beschäftigte. - 7) Quelle: BA. - 8) Erwerbstätige nach dem Inlandskonzept abzüglich Erwerbstätige nach dem Inländerkonzept. - 9) Für früheres Bundesgebiet: Anteil der registrierten Arbeitslosen an den abhängigen zivilen Erwerbspersonen (sozialversicherungspflichtige und geringfügig Beschäftigte, Beamte und Arbeitslose), für Deutschland: Anteil der registrierten Arbeitslosen an allen zivilen Erwerbspersonen (Abhängige, Selbständige, mithelfende Familienangehörige).

Quelle: http://www.sachverstaendigenrat-wirtschaft.de/download/tabellen/Tab20jg.pdf

Anhang 2: Entwicklung der Arbeitslosenquote 1975 bis 2004

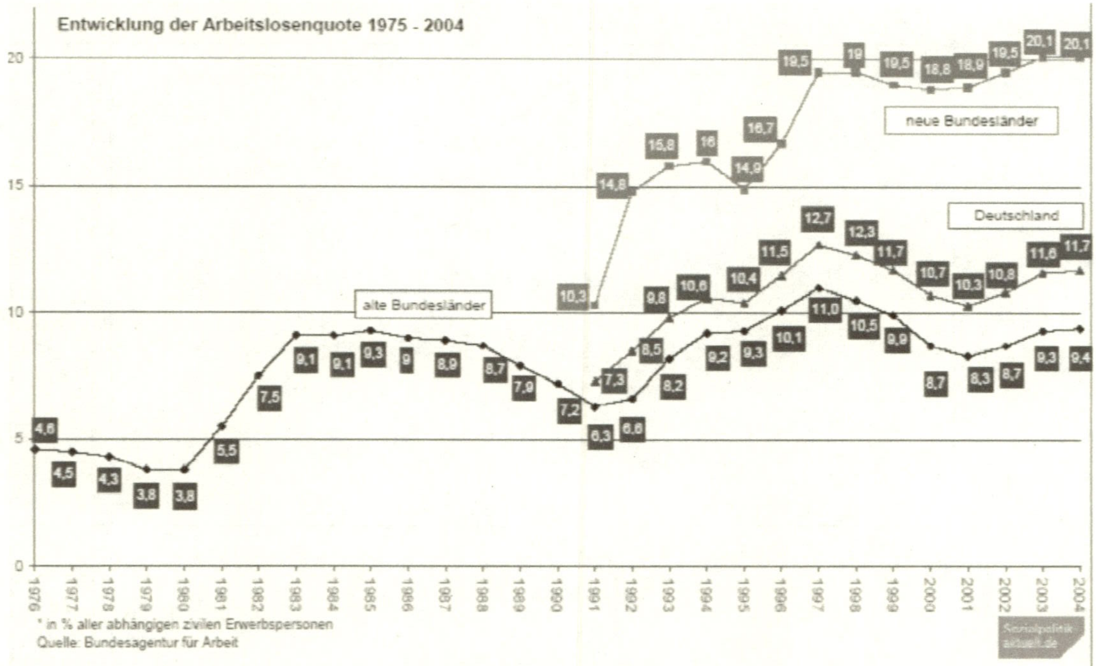

Quelle: Bundesagentur für Arbeit & http://www.sozialpolitik-aktuell.de/docs/4/ab/abbIV35.pdf

Anhang 3: Arbeitslosenquote und Wirtschaftswachstum 1962 bis 2001

	Arbeitslosenquote			Wachstumsrate
Jahr	ABL	NBL	Deutschland	Deutschland
1962	0,7		0,7	4,7
1963	0,8		0,8	2,8
1964	0,8		0,8	6,7
1965	0,7		0,7	5,4
1966	0,7		0,7	2,8
1967	2,1		2,1	-0,3
1968	1,5		1,5	5,5
1969	0,9		0,9	7,5
1970	0,7		0,7	5,0
1971	0,8		0,8	3,1
1972	1,1		1,1	4,3
1973	1,2		1,2	4,8
1974	2,6		2,6	0,2
1975	4,7		4,7	-1,3
1976	4,6		4,6	5,3
1977	4,5		4,5	2,8
1978	4,3		4,3	3,0
1979	3,8		3,8	4,2
1980	3,8		3,8	1,0
1981	5,5		5,5	0,1
1982	7,5		7,5	-0,9
1983	9,1		9,1	1,8
1984	9,1		9,1	2,8
1985	9,3		9,3	2,0
1986	9,0		9,0	2,3
1987	8,9		8,9	1,5
1988	8,7		8,7	3,7
1989	7,9		7,9	3,6
1990	7,2		7,2	5,7
1991	6,3	10,3	7,3	5,0
1992	6,6	14,8	8,5	2,2
1993	8,2	15,8	9,8	-1,1
1994	9,2	16,0	10,6	2,3
1995	9,3	14,9	10,4	1,7
1996	10,1	16,7	11,5	0,8
1997	11,0	19,5	12,7	1,4
1998	10,5	19,5	12,3	2,0
1999	9,9	19,0	11,7	1,8
2000	8,7	18,8	10,7	3,0
2001	8,3	18,9	10,3	0,6

Anmerkungen: ab 1966 Arbeitslose in % der abhängig Erwerbstätigen (ohne Soldaten) nach dem Mikrozensus; bis März 1989 nach dem Mikrozensus (Januar 1985 bis Februar 1987 nach der EG-Arbeitskräftestichprobe), ab April 1989 nach der Volkszählung Mai 1967, ab Januar 1990 sozialversicherungspflichtig und geringfügig Beschäftigte, Beamte, Arbeitslose
Wirtschaftswachstum: Reales BIP - Veränderung ggü. Vorjahr in %

Quelle: Statistisches Bundesamt & Hinrichs et al.(2002), S. 26

Anhang 4: Arbeitslose und Arbeitslosenquote 1975 bis 2004

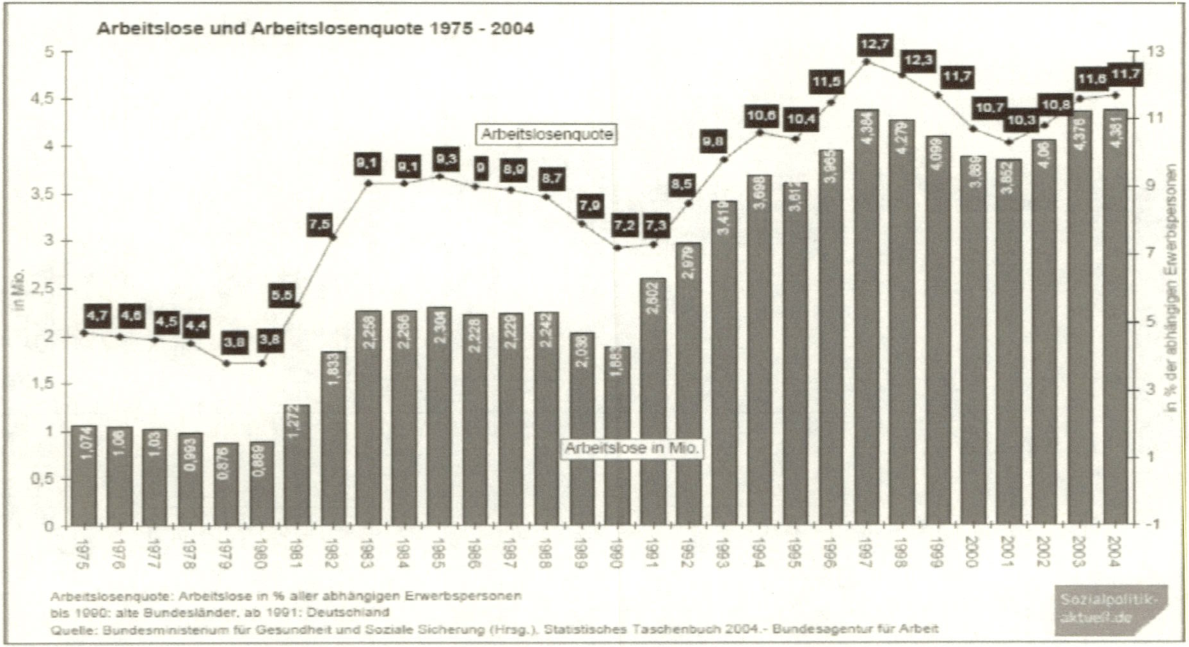

Quelle: http://www.sozialpolitik-aktuell.de/docs/4/ab/abbIV33.pdf

Anhang 5: Arbeitslosenquote nach Bildungsabschluss in Prozent der Erwerbspersonen gleicher Qualifikation, Deutschland 1991 bis 2002

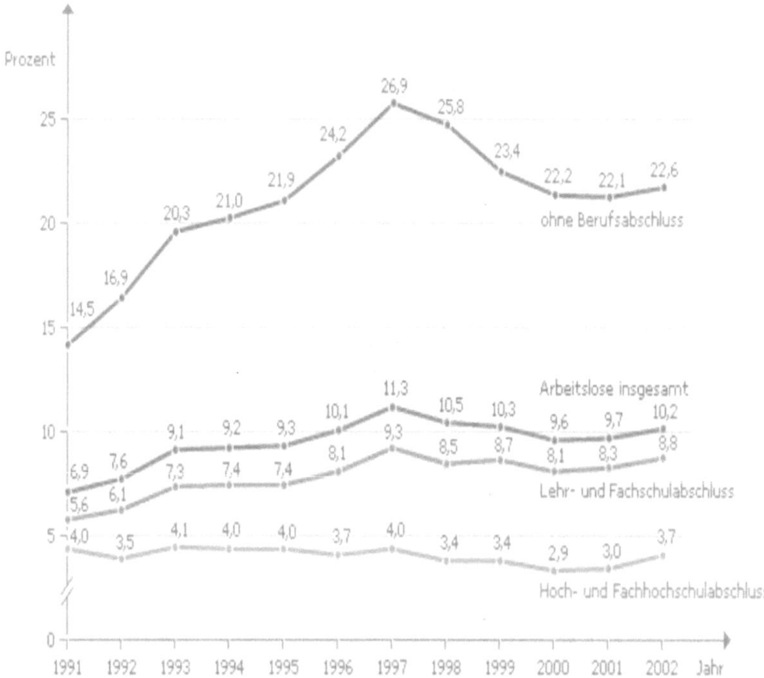

Quelle: Institut für Arbeits- und Berufsforschung (IAB);Stand: 11/ 2004 & http://www.bpb.de/wissen/FX1ZGA,,0,Arbeitslosenquote_nach_Bildungsabschluss.html

Anhang 6: Ältere Arbeitslose über 55 Jahre

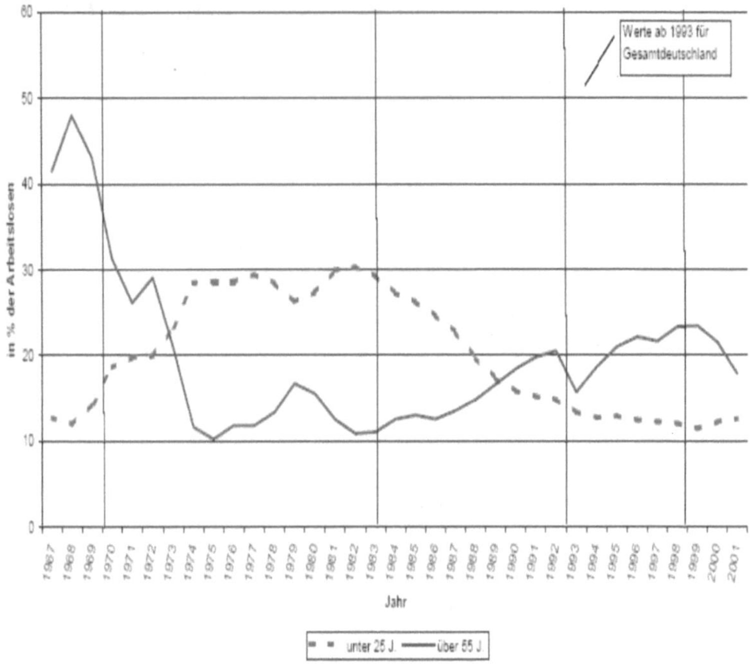

Quelle: Hinrichs et al. (2002), S.20

Anhang 7: Dauer der Arbeitslosigkeit im Jahr 2003

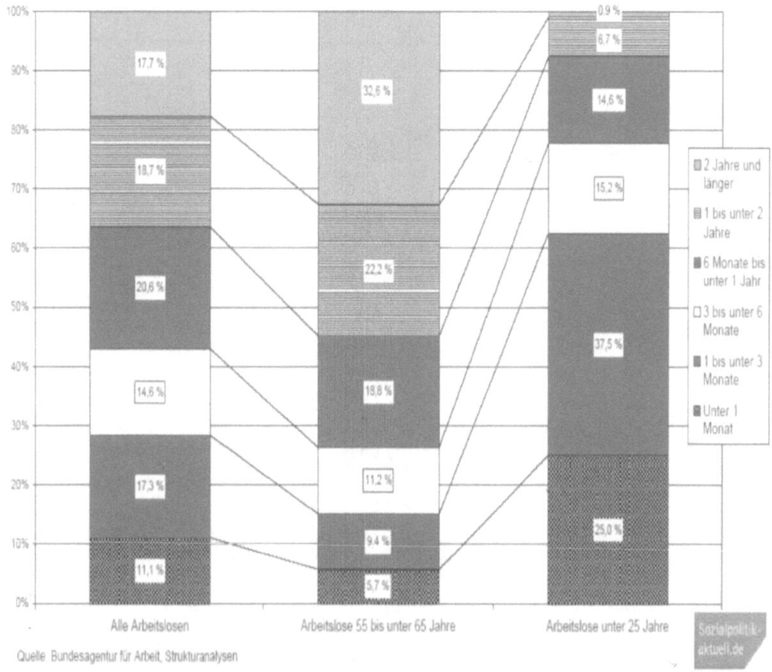

Quelle: http://www.sozialpolitik-aktuell.de/bilder/IV/abb/abbIV44.gif & Bundesagentur für Arbeit

Anhang 8: Arbeitslosenquote nach Geschlecht

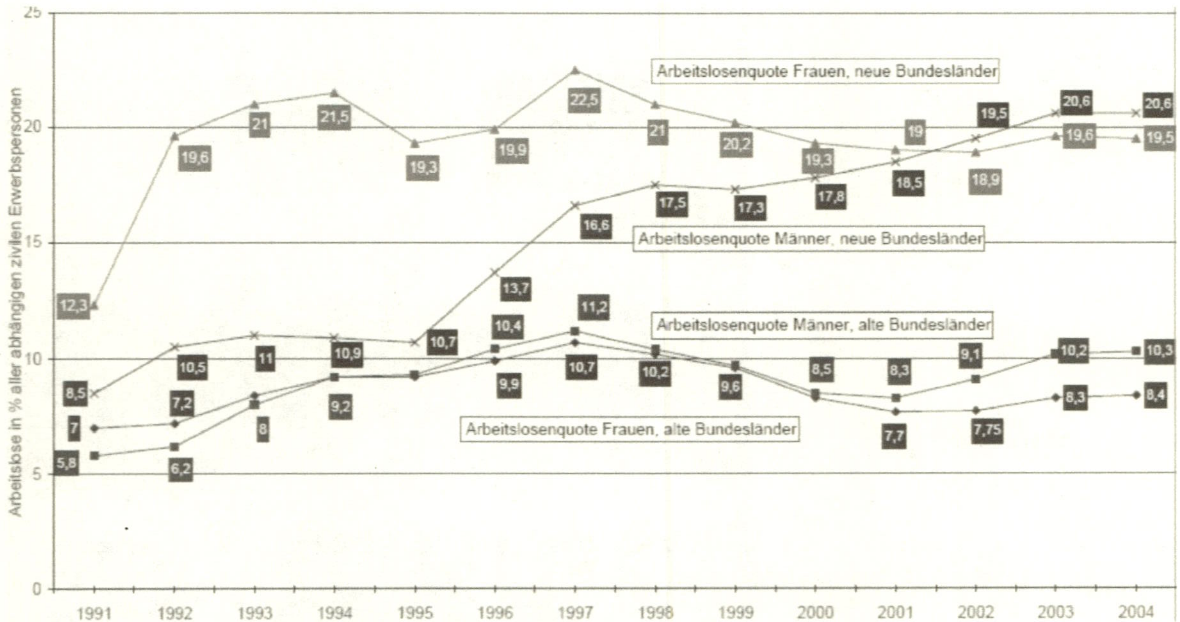

***)Arbeitslosenquote in % aller abhängig beschäftigten zivilen Erwerbspersonen**

Quelle: Bundesagentur für Arbeit & http://www.sozialpolitik-aktuell.de/bilder/IV/abb/abbIV36.gif

Anhang 9: Arbeitslosenquoten* nach Geschlecht, Deutschland **, in Prozent

	Insgesamt	Männer	Frauen
2004	11,7	12,5	10,8
2003	11,6	12,4	10,8
2002	10,8	11,3	10,3
2001	10,3	10,4	10,2
2000	10,7	10,5	10,9
1999	11,7	11,3	12,2
1998	12,3	11,9	12,8
1997	12,7	12,2	13,3
1996	11,5	11,0	12,1
1995	10,4	9,6	11,4
1994	10,6	9,5	12,0
1993	9,8	8,6	11,3
1992	8,5	7,1	10,2
1991	7,3	6,4	8,5
1990	7,2	6,3	8,4
1989	7,9	6,9	9,4
1988	8,7	7,8	10,0
1987	8,9	8,0	10,2
1986	9,0	8,0	10,5
1985	9,3	8,6	10,4
1984	9,1	8,5	10,2
1983	9,1	8,4	10,1
1982	7,5	6,8	8,6
1981	5,5	4,5	6,9
1980	3,8	3,0	5,2
1979	3,8	2,9	5,2
1978	4,3	3,4	5,8
1977	4,5	3,7	6,0
1976	4,6	3,9	5,8
1975	4,7	4,3	5,4
1974	2,6	2,2	3,1
1973	1,2	1,0	1,5
1972	1,1	1,0	1,4
1971	0,8	0,7	1,1

) Arbeitslosenquote der abhängigen zivilen Erwerbspersonen.
****) Bis 1990 Früheres Bundesgebiet und Berlin-West.***
Quelle: Bundesagentur für Arbeit, Nürnberg & http://www.destatis.de/indicators/d/lrarbo2ad.html

Anhang 10: Ausländer und ausländische Beschäftigte 1970 bis 2003

Jahr	Wohnbevölkerung		Sozialversicherungspflichtig Beschäftigte		Arbeitslose		
	in 1.000	in % der Gesamtbevölkerung	in 1.000	in % aller Beschäftigten	in 1.000	in % aller Arbeitslosen	Arbeitslosenquote in %
1970	2.601	4,3	-	-	5	-	-
1975	4.090	6,6	2.071	10,3	151	-	-
1980	4.453	7,2	2.072	9,9	107	-	-
1985	4.379	7,2	1.584	7,8	253	-	-
1990	5.343	8,4	1.782	8,0	203	-	-
1991	5.882	7,4	-	-	222	8,5	-
1995	7.174	8,8	2.171	7,7	436	12,1	-
2000	7.297	8,9	1.963	7,1	471	12,1	17,3
2001	7.319	8,9	1.991	7,2	465	12,1	17,4
2002	7.128	8,6	1.960	7,1	505	12,4	19,1
2003	-	-	1.874	7,0	528	12,5	20,4

Bis 1990: alte Bundesländer, ab 1991: Deutschland
Quelle: Bundesministerium für Gesundheit und soziale Sicherung (Hrsg.), Statistisches Taschenbuch 2002 und 2004.- Bundesagentur für Arbeit, Arbeitsmarkt 2000; 2002, 2003.

Quelle: http://www.sozialpolitik-aktuell.de/docs/4/tab/tabIV8.pdf

Anhang 11: Ausgaben der Bundesanstalt und des Bundes für Arbeitsmarktpolitik 2002 und 2003 (in Mio. €)

	Deutschland		
	2003	2002	Veränd. geg. Vorjahr
	1	2	3
Ausgaben der BA	56 849,8	56 507,8	+ 341,9
Ausgaben des Bundes [1]	16 834,5	15 014,0	+ 1 820,5
Ausgaben insgesamt	73 684,3	71 521,8	+ 2 162,4
Leistungen der aktiven Arbeitsförderung	21 197,4	22 400,6	– 1 203,2
– Ermessensleistungen (Eingliederungstitel – Kapitel 2 des BA-Haushalts)	12 092,2	13 499,5	– 1 407,4
– Sonstige Leistungen (Kapitel 3 des BA-Haushalts)	8 803,9	8 643,3	+ 160,6
– Leistungen der aktiven Arbeitsförderung (Bund) [2]	301,4	257,8	+ 43,6
Ausgewählte Bereiche der aktiven Arbeitsförderung			
– Arbeitsbeschaffungsmaßnahmen (ABM)	1 675,6	2 333,0	– 657,4
– Strukturanpassungsmaßnahmen (SAM)	598,0	809,9	– 211,9
darunter: SAM Ost für Wirtschaftsunternehmen	21,2	105,6	– 84,4
– Förderung der Berufsausbildung	2 206,9	2 112,5	+ 94,4
– Sofortprogramm zum Abbau der Jugendarbeitslosigkeit	923,6	1 101,5	– 177,9
– Förderung der beruflichen Weiterbildung	5 000,5	6 701,3	– 1 700,8
– Individuelle Leistungen zur beruflichen Rehabilitation	2 977,7	2 786,2	+ 191,4
– Freie Förderung (§ 10 SGB III)	286,3	504,1	– 217,8
Entgeltersatzleistungen (soweit nicht aktive Arbeitsförderung)	47 337,6	44 123,2	+ 3 214,4
– Arbeitslosengeld und Teilarbeitslosengeld [3]	29 047,9	27 006,5	+ 2 041,4
– Insolvenzgeld	1 674,9	1 926,5	– 251,7
– Arbeitslosenhilfe	16 532,5	14 756,2	+ 1 776,2
– Sonstige (z.B. Ausgaben für Abwicklungsfälle)	82,4	433,9	– 351,5
Relation der Ausgaben für Leistungen der aktiven Arbeitsförderung zu den o. a. Entgeltersatzleistungen	1:2,23	1:1,97	
Anteile in %			
Ausgaben der BA	77,2	79,0	
Ausgaben des Bundes	22,8	21,0	
Leistungen der aktiven Arbeitsförderung	28,8	31,3	
– Ermessensleistungen (Eingliederungstitel – Kapitel 2 des BA-Haushalts)	16,4	18,9	
– Sonstige Leistungen (Kapitel 3 des BA-Haushalts)	11,9	12,1	
– Leistungen der aktiven Arbeitsförderung (Bund)	0,4	0,4	
– Arbeitsbeschaffungsmaßnahmen (ABM)	2,3	3,3	
– Strukturanpassungsmaßnahmen (SAM)	0,8	1,1	
darunter: SAM Ost für Wirtschaftsunternehmen	0,0	0,1	
– Förderung der Berufsausbildung	3,0	3,0	
– Sofortprogramm zum Abbau der Jugendarbeitslosigkeit	1,3	1,5	
– Förderung der beruflichen Weiterbildung	6,8	9,4	
– Individuelle Leistungen zur beruflichen Rehabilitation	4,0	3,9	
– Freie Förderung (§ 10 SGB III)	0,4	0,7	
Entgeltersatzleistungen (soweit nicht aktive Arbeitsförderung)	64,2	61,7	
– Arbeitslosengeld und Teilzeitarbeitslosengeld	39,4	37,8	
– Insolvenzgeld	2,3	2,7	
– Arbeitslosenhilfe	22,4	20,6	

[1] Kapitel 0912 des Bundeshaushalts „Leistungen nach dem Dritten Buch Sozialgesetzbuch und gleichartige Leistungen", soweit die BA die Aufgaben durchführt.
[2] Wie Fußnote 1, jedoch ohne Arbeitslosenhilfe und ohne Sachausgaben.
[3] Einschl. Erstattungen an ausländische Versicherungsträger.

Quelle: Amtliche Nachrichten der Bundesagentur für Arbeit (ANBA), 52.Jahrgang, Sondernummer, Nürnberg 15.Juli 2004, Tabelle II.E.6, S.114

Anhang 12: Die Verteilung der gesamtfiskalischen Kosten der Arbeitslosigkeit in Deutschland in den Jahren 1999 bis 2003

		1999	2000	2001	2002	2003
						Deutschland
Registrierte Arbeitslose	%	100	100	100	100	100
- Alg-Empfänger 1) 2)	%	40,2	39,1	39,7	41,1	40,1
- Alhi-Empfänger 1) 3)	"	34,2	35,0	35,4	37,6	41,7
- Ohne Leistungsbezug	"	25,6	26,0	25,0	21,2	18,2
Gesamtfiskalische Kosten	%	100	100	100	100	100
davon:						
Ausgaben Arbeitslosengeld 1) 2)	%	29,3	29,5	31,6	32,1	30,5
- Leistung Alg	"	17,1	17,4	18,8	19,0	18,2
- Rentenversicherungsbeiträge	"	6,9	6,8	7,2	7,3	6,6
- Krankenversicherungsbeiträge	"	4,7	4,7	5,0	5,2	5,2
- Pflegeversicherungsbeiträge	"	0,6	0,6	0,6	0,6	0,6
Ausgaben Arbeitslosenhilfe 1) 3)	"	18,9	16,9	16,8	17,8	18,0
- Leistung Alhi	"	10,6	11,2	11,7	12,4	13,4
- Rentenversicherungsbeiträge	"	4,6	2,2	2,3	2,4	2,4
- Krankenversicherungsbeiträge	"	3,2	3,3	2,6	2,7	2,0
- Pflegeversicherungsbeiträge	"	0,4	0,2	0,2	0,2	0,2
Ausgaben Sozialleistungen	"	6,5	6,6	6,5	5,6	4,9
- Sozialhilfe	"	5,2	5,3	5,2	4,5	3,9
- Wohngeld	"	1,3	1,3	1,3	1,1	1,0
Mindereinnahmen Steuern	"	21,0	20,6	19,1	18,9	19,2
- Einkommensteuer	"	17,6	17,2	15,8	15,8	16,2
- Indirekte Steuern	"	3,4	3,4	3,3	3,1	3,0
Mindereinnahmen Sozialbeiträge	"	24,3	26,4	26,1	25,6	27,4
- Rentenversicherung (Saldo)	"	9,7	11,8	11,1	10,7	11,6
- Krankenversicherung (Saldo)	"	6,7	6,6	7,0	7,0	7,9
- Pflegeversicherung (Saldo)	"	0,9	1,0	1,0	1,0	1,0
- Bundesagentur für Arbeit	"	7,0	7,0	7,0	6,9	6,9
Bundesagentur für Arbeit	%	38,5	38,5	38,6	39,1	37,4
Bund	"	25,8	26,7	25,9	26,7	27,0
Länder	"	9,3	9,1	8,5	9,3	8,4
Gemeinden	"	8,3	8,3	7,9	7,2	6,7
Rentenversicherung	"	9,7	11,8	11,1	10,7	11,6
Krankenversicherung	"	6,7	6,6	7,0	7,0	7,9
Pflegeversicherung	"	0,9	1,0	1,0	1,0	1,0

Ohne Leistungsempfänger Alg bzw. Alhi nach § 428, 125, 126 SGB III *2) Einschl. Anschluss-Uhg und Egg-Empfänger* *3) Einschl. Eghi-Empfänger*

Quelle: http://www.doku.iab.de/presse/2004/info-KostenALO.pdf; Berechnungen des IAB

Anhang 13: Einnahmen der Bundesagentur für Arbeit 2003

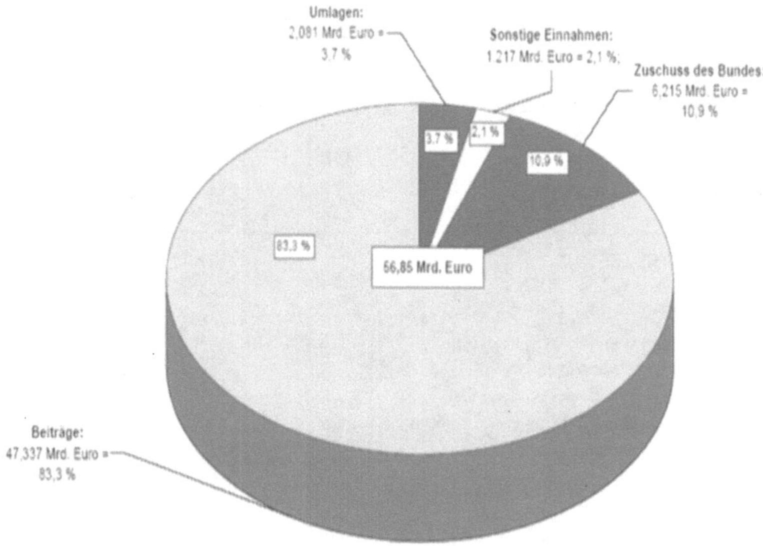

Quelle: Bundesagentur für Arbeit, Geschäftsbericht 2003, Nürnberg 2004, http://www.sozialpolitik-aktuell.de/bilder/IV/abb/abbIV63.gif

Anhang 14: Ausmaß der Unterbeschäftigung für die Bundesrepublik Deutschland 1997 bis 2002

	1997	1998	1999	2000	2001	2002
	Jahresdurchschnitte in 1000					
Deutschland						
1. Unterbeschäftigung im engeren Sinne						
1.1 Registrierte Arbeitslose	4.385	4.279	4.100	3.889	3.852	4.060
1.2 Stille Reserve im engeren Sinne	1.940	1.916	1.825	1.523	1.646	1.712
Arbeitsplatzlücke i. e. Sinne (1.1 + 1.2)	6.325	6.195	5.925	5.412	5.498	5.772
2. Entlastungseffekte durch Arbeitsmarktpolitik						
2.1 Stille Reserve in Maßnahmen	690	589	587	572	594	646
Vollzeit - FbW	352	319	323	318	309	294
Reha (Wiedereingliederung)	35	35	35	35	34	37
Teilnehmer an Deutschlehrgängen	35	28	27	28	25	24
Altersübergangsgeld, Vorruhestandsgeld	60	1	1	0	0	0
Leistungsempfänger (ab 58 Jahre) nach § 428 SGB III	209	205	201	191	225	292
2.2 Beschäftigungsförderung	418	371	403	371	339	315
Kurzarbeit (Vollzeitäquivalent)	56	37	35	33	42	62
ABM [3)]	268	255	282	245	202	151
Strukturanpassungsmaßnahmen (SAM) [4)]	93	75	77	75	70	71
Altersteilzeit	1	4	9	17	25	31
Entlastung insgesamt	1.109	960	990	943	933	961
3. Arbeitsplatzlücke im weiteren Sinne (1. + 2.)	7.434	7.155	6.915	6.355	6.431	6.733
4. Erwerbstätige [5)]	37.208	37.616	38.077	38.752	38.917	38.688
5. Erwerbspersonenpotenzial	44.347	44.514	44.716	44.861	45.139	45.250
6. Unterbeschäftigungsquote (3. / 5.)	16,8	16,1	15,5	14,2	14,2	14,9

4) einschließlich indirekte Effekte, ohne Lohnkostenzuschüsse für Wirtschaftsunternehmen (SAM OfW);

5) incl. ABM, Strukturanpassungsmaßnahmen, Kurzarbeit und Altersteilzeit

Quelle: IAB Kurzbericht Nr. 10/2003, S.7, Tabelle 1; Statistisches Bundesamt; Bundesagentur für Arbeit

Anhang 15: Wachstum in Deutschland 1992 bis 2003

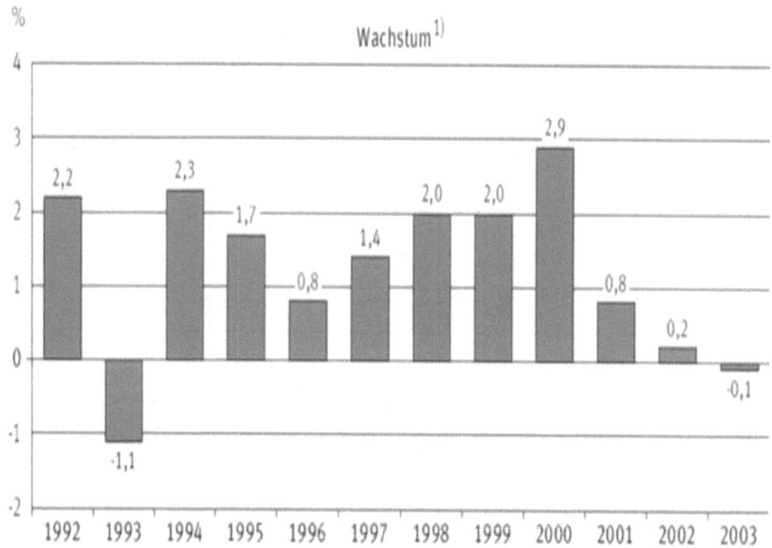

1) Veränderung des Bruttoinlandsprodukts in Preisen von 1995 gegenüber dem Vorjahr in %

Quelle: http://www.destatis.de/presse/deutsch/pk/2004/bip2003i.pdf; Schaubild 4

Anhang 16: Bruttoinlandsprodukt in jeweiligen Preisen für Deutschland 1991 bis 2004 (in Mrd. €)

Zeitraum[1)]	Brutto-wert-schöpfung	Unter-stellte Bank-gebühren	Güter-steuern abzüglich Güter-subven-tionen	Brutto-inlands-produkt
	+	-	+	=
1991	1 414,19	54,72	142,73	1 502,20
1992	1 518,90	60,17	154,47	1 613,20
1993	1 555,37	63,52	162,35	1 654,20
1994	1 626,08	67,60	177,02	1 735,50
1995	1 690,40	66,24	177,14	1 801,30
1996	1 722,07	66,81	178,44	1 833,70
1997	1 760,16	69,07	180,51	1 871,60
1998	1 810,25	68,42	187,57	1 929,40
1999	1 843,18	66,78	202,20	1 978,60
2000	1 885,32	61,80	206,48	2 030,00
2001	1 924,64	59,05	208,41	2 074,00
2002	1 960,25	62,37	209,42	2 107,30
2003	1 978,77	64,30	213,73	2 128,20
2003 1. Vj.	477,47	15,90	53,73	515,30
2. Vj.	487,16	16,03	54,37	525,50
3. Vj.	504,13	16,14	53,21	541,20
4. Vj.	510,01	16,23	52,42	546,20
2004 1. Vj.	489,76	16,34	54,98	528,40
2. Vj.	506,61	16,44	52,13	542,30

1) ab 2001 vorläufige Ergebnisse

Quelle: http://www.sachverstaendigenrat-wirtschaft.de/download/tabellen/Tab24jg.pdf

Anhang 17: Fragen zu psychosozialen Belastungen 1981

(Variablen 35 bis 44); Deutsche Arbeitslose vom November 1981, 25 Jahre oder älter, vor der Arbeitslosigkeit erwerbstätig, ungefähr 5-6 Wochen nach Beginn der Arbeitslosigkeit; Einfluss demografischer, berufsbiografischer und arbeitslosigkeitsbezogener Faktoren auf Belastungen und Gesundheitszustand, gemessen durch die Höhe der Varianzreduktion (in % der Gesamtvarianz; Effekt der Aufteilung in jeweils 2 Untergruppen entsprechend der 1. Stufe der Kontrastgruppenanalysen AID 3 im OSIRIS-Programmpaket)

Unabhängige Variable	Variable Nr.	Nicht in der endgültigen Analyse enthalten	Gesundheitszustand (global) in den letzten 2 Wochen (vgl. Tabelle 1) GES
Die ersten Wochen der Arbeitslosigkeit			
Nach 5–6 Wochen wiederbeschäftigt (ca. 10% der Stichprobe)	28		0,9
Nach 5–6 Wochen nicht wiederbeschäftigt, aber Arbeitsplatz in Aussicht	29		1,2
Subjektive Schwierigkeit, einen neuen Arbeitsplatz zu finden	30		2,9
Subjektive Chance, einen vergleichbaren neuen Arbeitsplatz zu finden	31		4,0
Wichtig, schnell einen neuen Arbeitsplatz zu finden?	32		0,6
Zur Zeit große finanzielle Schwierigkeiten?	33		1,4
Können Sie auf eigene Ersparnisse zurückgreifen?	34		1,9
Psycho-soziale Belastungen 1: Kontakt gefehlt	35	×	0,9
Psycho-soziale Belastungen 2: Endlich Zeit für Sachen, die Spaß machen	36		1,0
Psycho-soziale Belastungen 3: In Familie häufiger als sonst Ärger	37		0,8
Psycho-soziale Belastungen 4: Nicht mehr so oft zu Freunden/Bekannten gegangen	38		0,9
Psycho-soziale Belastungen 5: Sehr beunruhigt, weil nicht weiß, ob neue Stelle	39		2,8
Psycho-soziale Belastungen 6: Inzwischen gemerkt, daß Arbeitslosigkeit gar nicht so schlimm	40		1,4
Psycho-soziale Belastungen 7: Nicht leicht gefallen, Freunden/Bekannten von Arbeitslosigkeit zu erzählen	41		1,2
Psycho-soziale Belastungen 8: War mir ganz lieb, wieder mehr für Familie tun zu können	42		0,7
Psycho-soziale Belastungen 9: Das viele Zu-Hause-Sein, ging mir auf die Nerven	43		2,5
Psycho-soziale Belastungen 10: Ich habe mich oft gefragt, warum gerade ich arbeitslos geworden bin	44		2,1
Index 1 Psycho-soziale Belastungen 1–10 (Gewichte 1–3 für jede Antwort)	45		2,3
Index 2 Psycho-soziale Belastungen 1–10 (Gewicht 1 für jede definitive Belastung)	46		3,2
Gesundheitsindikatoren			
Beschwerden/Behinderungen, die schon jahrelang anhalten?	47		(23,1)*)
Gesundheitszustand (global) in den letzten 2 Wochen (GES)	48		–
MEDIS-Beschwerden-Liste (MBL-Kurzform)	49		(23,7)*)
Psychische-Balance-Skala (PBS)	50		(6,9)*)
Allgemeine Belastungen in Anfangsphase der Arbeitslosigkeit (ABA)	51		(1,7)*)

*) Nicht in der endgültigen Kontrastgruppenanalyse enthalten.

Quelle: Brinkmann et. al (1983), Tabelle 4, S.385, [Siehe auch CD-ROM]

Anhang 18: Durchschnittliche Dauer des Krankengeldbezugs in Tagen nach Versicherungsstatus 1991 bis 2000

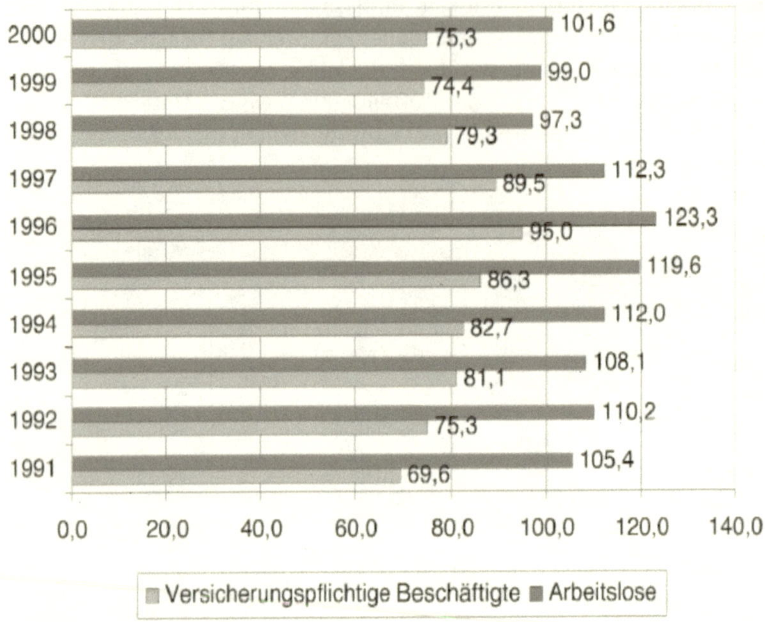

Quelle: Hollederer, S 414, Abb. 2 und BMG, KG 2-Statistik; die Angaben beziehen sich auf die GKV-Mitglieder ohne Rentner

www.ingramcontent.com/pod-product-compliance
Lightning Source LLC
LaVergne TN
LVHW102228300926
849160LV00005B/63
9783868152630